CARLOS ALBERTO VASCONCELOS

JOÃO 1.1

Quem é Jesus para você?

CARLOS ALBERTO VASCONCELOS

JOÃO 1.1

Quem é Jesus para você?

Ágape

João 1.1 – Quem é Jesus para você?

Copyright © 2021 by Editora Ágape Ltda.

Copyright © 2021 by Carlos Alberto Vasconcelos

EDITOR: Luiz Vasconcelos
ASSISTÊNCIA EDITORIAL: Tamiris Sene
PREPARAÇÃO: Tamiris Sene
REVISÃO: Flavia Cristina Araujo
DIAGRAMAÇÃO: Plinio Ricca
CAPA: Dimitry Uziel

Texto de acordo com as normas do Novo Acordo Ortográfico
da Língua Portuguesa (1990), em vigor desde 1º de janeiro de 2009.

Dados Internacionais de Catalogação na Publicação (CIP)
Angélica Ilacqua CRB-8/7057

Vasconcelos, Carlos Alberto
    João 1.1 : Quem é Jesus para você? / Carlos Alberto Vasconcelos. – Barueri, SP : Ágape, 2021.
    288 p.

    1. Histórias bíblicas 2. Mensagens 3. Palavra de Deus 4. Jesus Cristo I. Título

20-4274   CDD 222.9505

Índices para catálogo sistemático:

1. Histórias bíblicas : Mensagens : Jesus Cristo

ISBN: 978-65-5724-014-4

EDITORA ÁGAPE LTDA.
Alameda Araguaia, 2190 – Bloco A – 11º andar – Conjunto 1112
CEP 06455-000 – Alphaville Industrial, Barueri – SP – Brasil
Tel.: (11) 3699-7107 | Fax: (11) 3699-7323
www.editoraagape.com.br | atendimento@agape.com.br

SUMÁRIO

PREFÁCIO. 7
PRÓLOGO 9
1. ADÃO E EVA. 11
2. CAIM, ABEL E SETE. 16
3. A ARCA DE NOÉ. 19
4. A TORRE DE BABEL. 22
5. ABRAÃO, O AMIGO DE DEUS. 25
6. JÓ, SEM A FÉ NÃO HAVERIA PACIÊNCIA. 31
7. JACÓ/ISRAEL. 41
8. JOSÉ, FILHO DE JACÓ. 47
9. MOISÉS/ÊXODO/PÁSCOA/CEIA DO SENHOR. 62
10. JOSUÉ/CALEBE/TERRA PROMETIDA/RAABE. 69
11. SANSÃO E DALILA. 74
12. RUTE E A CONVICÇÃO DE SUA FÉ. 79
13. ANA – MÃE DE SAMUEL. 85
14. SAMUEL UNGE A SAUL. 89
15. A UNÇÃO DE DAVI. 94
16. DAVI ENFRENTA GOLIAS. 97
17. DAVI E BATE-SEBA. 100
18. A SABEDORIA DO REI SALOMÃO. 107
19. JONAS, O PROFETA TEIMOSO. 111
20. ELIAS, O PROFETA DE DEUS. 117
21. NAAMÃ, "AQUELA MENINA" E O PROFETA ELISEU. ... 126
22. PROFETA ISAÍAS. 131
23. EZEQUIAS, REI DE JUDÁ... 136
24. DANIEL E NABUCODONOSOR. 139
25. DANIEL NA COVA DOS LEÕES. 147
26. NEEMIAS E A RECONSTRUÇÃO DOS MUROS DE JERUSALÉM. 151
27. A RAINHA ESTER. 153
28. O NASCIMENTO DE JESUS. 160

29. FILIPE E NATANAEL 167
30. JESUS/HOMEM. 170
31. JOÃO, O BATISTA. 175
32. NICODEMUS, O FARISEU. 179
33. CINCO PÃES E DOIS PEIXES. 185
34. A MULHER SAMARITANA. 188
35. O CEGO DE JERICÓ. 192
36. LÁZARO E O RICO. 195
37. OS DEZ LEPROSOS. 198
38. A MULHER ADÚLTERA. 200
39. TU ÉS PEDRO. 205
40. O AMIGO LÁZARO. 213
41. O CENTURIÃO ROMANO. 215
42. JOÃO EVANGELISTA NA TEMPESTADE COM JESUS 218
43. A FILHA DE JAIRO E A MULHER QUE TINHA O FLUXO DE SANGUE. 221
44. O JOVEM RICO. 229
45. O FILHO PRÓDIGO. 233
46. O BOM SAMARITANO. 238
47. A VIÚVA DE NAIM. 244
48. BARRABÁS OU JESUS? 248
49. AS ÚLTIMAS HORAS DE JESUS/HOMEM. 251
50. DIMAS, O MALFEITOR QUE SE ARREPENDE. 255
51. NO CAMINHO DE EMAÚS. 259
52. FILIPE E O EUNUCO. 261
53. SAULO DE TARSO/APÓSTOLO PAULO. 265
54. A BÍBLIA SAGRADA. 272
55. APOCALIPSE 283
CONSIDERAÇÕES FINAIS 285
AGRADECIMENTO 287

PREFÁCIO

O autor Carlos Alberto Vasconcelos, meu esposo, honra-me com o convite para escrever o prefácio deste livro. Somos casados há 32 anos, temos dois filhos: Felipe e Vinícius; homens bem-formados e orientados no caminho do Senhor.

Há algum tempo, o Carlos desejou publicar um livro. Na época achávamos um feito difícil de realizar, porém com a graça e permissão do Senhor, houve o lançamento do livro *P.A.E. – Parkinson, Alzheimer e Eu* em 2017. Mas o sonho não parou por aí.

Como no livro de Gênesis, no qual vemos a história de José, filho de Jacó, um sonhador que teve seus sonhos inspirados por Deus e realizados de maneira divina e com propósitos; o Carlos continuou sonhando com outros lançamentos e assim nasceu ***João 1.1 – Quem é Jesus para você?***, um livro concebido pela fé, esperança, amor e confiança no Senhor que provê todas as coisas, tendo as passagens e abordagens referenciais deste livro inspiradas por "Ele".

Fiel à Palavra de Deus, os acontecimentos bíblicos aqui citados estão descritos em forma de versos, de maneira que podem trazer a você, leitor, maior clareza e entendimento em suas leituras bíblicas.

No conteúdo deste livro, o leitor encontrará reflexões sobre a palavra divina, justamente em um período em que a humanidade passa por momentos de tensão e busca se firmar na fé. Momento único na história da humanidade, no qual as pessoas estão vivenciando medo, temor, perdas de vidas causadas por uma pandemia que assola todas as nações; fazendo com que muitas almas se rendam aos pés do Senhor Jesus como nunca se viu antes; em busca de alívio e paz para superar tal tormento.

Este livro tem a função de inspirar você, caro leitor, a buscar respostas para as dúvidas relacionadas à sua fé e, talvez, quem sabe, ser o intermediador para que você conheça o Senhor Jesus de forma lúcida e real. Desta maneira, encontrando a resposta para a questão: **Quem é Jesus para você?**

Penso que as mensagens contidas nesta obra serão uma bênção para muitas vidas. E unidos, oraremos para que muitas pessoas sejam agraciadas com esta maravilhosa leitura.

Meire D. Franco Vasconcelos
Psicóloga

PRÓLOGO

A intenção deste trabalho/livro é passar aos leitores a palavra de Deus de forma verdadeira, simples e objetiva, sem heresias, sem falsos ensinamentos, baseando-nos somente na palavra de Deus (a Bíblia). Tudo isso de modo que o leitor possa ter seu interesse despertado, e que tenha também maior incentivo e certa facilidade para ler, interpretar, discernir e absorver a mensagem de Deus, mensagem esta que Deus sempre desejou nos passar através das histórias e fatos bíblicos (Sua palavra).

E que você, meu caro amigo leitor, possa, ao ler essas mensagens, colocar esses fundamentos passados pelas histórias bíblicas em prática em sua vida de maneira simples, honesta e verdadeira; sempre observando os padrões de Deus e não os padrões (muitas vezes) enganosos do mundo.

Eu coloco essas mensagens em ordem cronológica, em forma de poemas/versos, fazendo com que o seu interesse seja aguçado, e que você deseje saber mais sobre esses personagens e, assim, possa se familiarizar com os fatos históricos da Bíblia, obtendo um aprendizado que o faça crescer espiritualmente, ***olhando para o alvo que é Jesus Cristo.***

Abra seus olhos e ouvidos espirituais, e que nas entrelinhas deste livro você consiga obter a resposta para o questionamento do título.

No Evangelho de João, capítulo 1, versículo 1, está escrito: "No princípio era o verbo, o Verbo estava com Deus, e o VERBO era Deus". Então surge o questionamento: "Qual princípio? Quem é o Verbo?"

Espero, de todo o meu coração, que você, meu caro leitor, possa encontrar a resposta aqui e consiga ter, então, sua alma saciada com o único e verdadeiro alimento espiritual: "A palavra de Deus", palavra que cura e purifica, e que você possa também entender que a Bíblia, desde Gênesis até o Apocalipse, aponta para o alvo que é Jesus, o Cristo.

Quem é Jesus para você?
Essas histórias aqui poderão lhe dizer, abra o seu coração e você O conhecerá.

QUE DEUS ABENÇOE A TODOS.

1. ADÃO E EVA.

**Em um lindo jardim de Deus, alguma coisa ainda assim faltava, então,
segundo Sua imagem e semelhança, o primeiro homem o Senhor criava.**

O barro tirou da terra, e ao homem então faria,
e por um propósito divino, viu que muito bom seria!

E soprou em suas narinas o fôlego para ele caminhar,
e ali no jardim do Éden, o homem iria morar.

Deu-lhe poder sobre os animais, em tudo o presenteou,
teria um domínio abrangente, deste modo, o homem ali habitou.

E no meio daquele jardim, duas árvores existiam;
a da vida e a do conhecimento plantadas ali estariam.

Somente uma regra haveria, a qual não poderia desobedecer,
se na árvore do conhecimento tocasse, então o homem iria morrer.

Nessa árvore da ciência, Adão não poderia tocar,
se do fruto dela comesse, a comunhão com Deus iria acabar.

E nesse meio-tempo, Adão aos animais observava,
todos tinham o seu par e Adão ali pensava.

Deus já havia planejado, uma companheira iria lhe dar,
fez então Adão dormir e uma costela do homem Deus iria tirar.

E dessa costela o Senhor faria uma obra maravilhosa!
daria a ele uma mulher, uma varoa virtuosa.

Eva ela se chamaria, viria pra completar,
uma companheira para Adão, tudo poder compartilhar.

Ele muito feliz ficou quando acordou e pôde ver,
outra obra-prima de Deus companhia iria lhe fazer.

E, olhando para aquela mulher, radiante Adão ficou,
muita linda ela era! Imediatamente ele a amou.

"Tu és carne da minha carne, osso do meu osso será!
"Tu serás a minha mulher, e Deus de nós cuidará."

E o Senhor orienta o casal: "Devem crescer e se multiplicar,
"Cuidarão de toda essa terra, e **EU** os irei abençoar".

E assim eles viviam de uma forma totalmente perfeita,
porém existia uma criatura ali que já estava à espreita.

Doenças não existiam, fome nunca haviam passado
o Senhor lhes dava de tudo e daquela família sempre havia cuidado.

Algum tempo se passou e Eva estava a passear,
e essa criatura estranha, a ela iria abordar.

A criatura rastejante de Eva se aproximou,
era uma sagaz serpente e com a mulher ali falou.

Perto daquela árvore, ali Eva estaria,
pela árvore do conhecimento, a serpente a enganaria.

O inimigo é astuto, e fez Eva acreditar,
se ela comesse do fruto, passaria a enxergar.

Eva tinha consciência, Deus disse que não podia,
mas levada pelo desejo, então Eva comeria.

Achando que tudo estava bem, também a Adão ofereceu,
e ele, da mesma forma, pela sua fraqueza cedeu.

Foi nesse momento então, que os olhos dos dois se abriram,
se abriram para o pecado, e então eles se cobriram.

Sem roupas eles antes estavam, mas nunca se importaram
e agora muito tristes, eles então se envergonharam.

Com um sentimento de culpa, sentimento que não conheciam,
agora se escondiam de Deus, e confusos eles ficariam.

Como se fosse possível do nosso Deus se esconder,
onde o homem estiver, sempre Deus o irá ver.

Mesmo assim, Deus ali bradou: **"Adão, por que você se esconde?"**
E Adão envergonhado, então ao Senhor responde:

"Senti vergonha porque estava nu, para o Senhor eu não pude olhar."
Deus já sabia de tudo, mesmo assim foi perguntar:

"Quem te disse que estavas nu?
"Da árvore da ciência comeste?

"Eu falei que não podia!
"Mas tu desobedeceste".

Adão então, covardemente, à sua companheira culpou:
"A mulher que tu me deste, o fruto a mim entregou".

Porém a mulher à serpente foi culpar,
"Ela me disse que não haveria mal, eu vim a acreditar".

**Deus havia orientado: tudo poderiam fazer,
menos tocar naquela árvore, e agora iriam sofrer.**

Deus puniu a serpente: *"Sobre seu ventre andará,*
"maldita serás para sempre, para sempre rastejará.

"A semente desta varoa, sua semente irá combater,
"pois um FILHO desta mulher, um dia irá prevalecer".

E Eva muito triste ficou e também teve sua punição,
agora teria parto com dor durante a sua concepção.

E com Adão, Deus então falou: *"Do suor do teu rosto viverá,*
terás que lavrar a terra, você envelhecerá.

"Do Éden vocês irão partir, da árvore da vida não mais comerão,
"Conhecerão o bem e o mal, assim então prosseguirão".

Do paraíso eles são expulsos, Deus põe anjos a guardar,
querubins empunham espadas, não poderão mais entrar.

Dessa forma o pecado surgiu e de Deus o homem se afastou,
o relacionamento foi rompido, mas Deus nunca os abandonou.

**O inimigo está à espreita, buscando a quem possa tragar,
quer roubar a nossa alma, quer destruir, quer matar.**

**Sê, então, sóbrio, e esteja pronto a se defender,
use a armadura de Deus, então tu irás prevalecer.**

E Adão e Eva, cabisbaixos, do Paraíso se despediam,
com uma remota esperança de que um dia retornariam.

Seria uma nova jornada, o homem teria então que lutar,
começar tudo do zero e ao seu Deus então buscar.

**Mas haveria uma esperança, que da semente da mulher viria,
e seria aquele que ao inimigo definitivamente derrotaria.**

**A serpente enganou ao homem e o conseguiu derrubar,
mas um FILHO de Eva viria, e na cabeça dela iria pisar.**

2. CAIM, ABEL E SETE.

E fora do paraíso, longe de Deus, Adão e Eva estariam,
e dali em diante, então, do suor de seus rostos eles viveriam.

No paraíso onde antes viviam, não poderiam mais entrar,
teriam que reaprender a viver, longe de Deus agora iriam estar.

Os querubins cercavam o Éden, nenhum homem ali entraria,
mas Deus tinha um plano de remissão e um dia isso mudaria.

Surgirá "um novo Adão", e Esse ao mundo iria salvar,
mas muitas coisas aconteceriam até esse dia chegar.

Voltando a falar de Adão, junto com Eva estaria lutando,
se adaptando a uma nova vida, Deus os estaria abençoando.

Expulsos do Éden eles foram, mas do casal Deus não se esqueceu,
e a sombra do Onipotente sempre com eles permaneceu.

E nessa nova vida de luta, um filho de Adão Eva teria,
o primeiro após o pecado, Caim ele se chamaria.

E mesmo longe de Deus, o Senhor os abençoava,
a família iria crescer e Eva de novo engravidava.

E os meninos iam crescendo, Caim da terra iria cuidar,
E Abel, por sua vez, as ovelhas iria apascentar

E Abel, o filho mais jovem, diferente de seu irmão seria,
oferta de gordura ele fez e ao Deus de seu pai ele ofereceria.

Quanto a Caim, o fruto da terra ao Senhor ofereceu,
mas não teve reverência e Deus não o recebeu.

E ele furioso ficou, pois sua oferta Deus não quis aceitar,
O Senhor aceitou a de Abel e a de Caim veio a rejeitar.

E Deus falou a Caim, a ele repreenderia,
com sinceridade ele deveria ofertar e então Deus aceitaria.

Mas Caim deu lugar a ira, teve ódio em seu coração,
certo dia estavam os dois no campo e Caim matou o seu irmão.

E como Deus chamou por Adão, a Caim também chamaria,
e como um dia Adão se esquivou, Caim também se esquivaria.

"O que tu fizeste?" **Deus a ele iria perguntar,**
"Onde está Abel, teu irmão? Tu podes me falar?"

E Caim respondeu: "Guardador de meu irmão não sou!",
E o Senhor lhe deu a punição, Deus a ele amaldiçoou.

"A voz do sangue de teu irmão, a mim por justiça está a clamar,
"Errante na terra serás tu, fugitivo ficarás a peregrinar."

E ouvindo Deus dizer essas palavras, Caim muito triste ficou,
e tentando se justificar, ao Senhor então falou:

"Deveras, tão grande é minha maldade que o Senhor não possa me perdoar?
"Onde eu for vão me perseguir, irão querer me matar!"

"Ninguém irá te matar!" **Deus iria lhe dizer,**
"Porei em ti uma marca na testa, então tu irás viver.

"Essa marca será visível, teu inimigo irá observar,
"Ele entenderá esse sinal, ninguém irá te matar".

E quem a ti estender a mão, sete vezes será castigado,
Porém o mal que tu cometeste, jamais será reparado.

E Caim saiu pela terra, para o oriente ele então iria,
e longe da presença de Deus, uma família constituiria.

Muitos podem então perguntar: "Com que mulher Caim se casou?"
Esse é um mistério de Deus, Ele ainda não nos revelou.

Podemos fazer conjecturas, mas com certeza não podemos afirmar
de onde viria essa mulher, com quem Caim veio a se casar.

E Adão e Eva perseveravam, suas vidas estavam levando,
e com mais um lindo menino, Deus os estaria abençoando.

Nasce então o filho da esperança, geração do bem ele seria,
substituto de Abel, **SETE ele se chamaria.**

E a partir de SETE em um futuro distante surgiria,
um homem nascido de mulher, que na cabeça da serpente pisaria.

E passando por ENOQUE, a Noé iríamos chegar,
gerações abençoadas até o Messias vir a reinar.

O Messias é **JESUS CRISTO**, a morte **ELE** iria vencer,
repararia o erro de Adão, sobre tudo e sobre todos **ELE** iria prevalecer.

Não faça como Caim que ao **Senhor** não soube buscar,
o sacrifício é você mesmo, deve a **ELE** se entregar.

Uma oferta de coração, reverência você deve ter,
entregue-se com humildade e Cristo irá te receber.

3. A ARCA DE NOÉ.

**Muitas gerações se passaram, Adão e Eva vieram a falecer,
começava um tempo de impiedade, muitas coisas iriam acontecer.**

**Tenebroso era aquele tempo, muita maldade ali havia,
lugar de uma terra seca, pois ali nunca chovia.**

A corrupção humana, a maldade, Deus ali observava,
por todo lado que se olhasse, a tirania se instalava.

O orgulho, a ganância, corrompido o homem ficou,
não havia mais justiça, do criador o homem se afastou.

E Deus decide então, *"Vou a todos destruir!"*,
porém ali havia um homem que ao Senhor iria ouvir.

Esse era um homem honesto, do mal ele se apartava,
via toda aquela maldade, mas nunca se misturava.

**Casado, pai de três filhos, eram SEM, CAN e JAFÉ,
tinha uma amada esposa, o seu nome era Noé.**

Então Deus lhe dá um recado, e Noé iria ouvir,
"Todos na terra irão morrer, uma arca deves construir!"

Noé então ali se assusta, mil perguntas ele desejou fazer,
mas homem de fé que ele era, decidiu apenas obedecer.

"Com madeira de GOFER, betume tu irás usar"
Era Deus orientando, e Noé se pôs a trabalhar.

Deus foi dando as medidas, Noé foi capacitado,
os seus filhos ajudando, o trabalho é executado.

E o povo debochava, não podia acreditar,
"Um grande barco de madeira, como iria flutuar?"

**E além do mais não chovia, motivo de riso Noé se tornou,
ele tenta alertar aquele povo, mas ninguém nele acreditou.**

A Arca é então concluída, muitos anos isso levaria,
mas confiando no Senhor, o trabalho Noé terminaria.

**Em meio a tantos deboches, Noé a Deus vai orar,
mulher, filhos e noras** já prestes a embarcar.

Deus o orienta então, animais a recolher,
"um casal de cada espécie"; na terra ia começar a chover.

O grande barco ali estava e suas portas irão fechar,
oito vidas humanas estão dentro, os demais vão se afogar.

Começa assim o Dilúvio, correntezas se formariam,
e todos aqueles que debocharam, tarde demais se arrependeriam.

Flutuaria então a Arca, mas o caos se instalava,
milhares de pessoas morriam ali, e a oito vidas Deus salvava.

Noé e sua família com todos aqueles animais,
por fora a destruição, mas lá dentro eles tinham paz.

Tempestade angustiante, trovões e escuridão,
porém Noé estava tranquilo, Deus lhe daria a direção.

Por um ano navegaram sem terra seca encontrar,
e Noé liberta um pombo que uma folha foi buscar.

**Um sinal de esperança, nova vida começava,
e no monte ARARAT, a Arca então repousava.**

Deus falando com Noé, um pacto ali se fazia,
um sinal, um arco-íris, novo início então haveria.

E a partir de oito pessoas tudo se reiniciou,
E a Noé e sua família, o **Senhor Deus** abençoou.

**Quando lemos essa história, colocamo-nos a pensar,
por que somente oito pessoas poderiam se salvar?**

O Espírito então responde, é até simples entender,
Deus dá a chance a todos, mas poucos irão se render.

Jesus declarou certa vez: *"Muitas moradas no céu meu pai irá preparar"*,
um lugar maravilhoso, mas nem todos poderão entrar.

**A Arca tinha uma porta, que por um tempo aberta ficou,
mas depois de fechada, ninguém mais por ela entrou.**

Jesus diz: *"Eu sou a porta, a quem bater eu abrirei,
"e aquele que assim entrar, seus pecados perdoarei".*

**Jesus hoje é o advogado, mas juiz ELE será na aurora,
diga sim para Ele já, não jogue essa chance fora.**

A Arca era um tipo de Cristo, sua função seria salvar,
mas somente entraria na Arca quem viesse a acreditar.

Jesus o convida agora para na Arca você entrar.
Essa porta ainda está aberta, é hora de despertar.

**Não espere pelo Dilúvio, entregue-se hoje para Jesus,
e como Noé olhou para a Arca, olhe agora você para a Cruz.**

4. A TORRE DE BABEL.

E ao final do dilúvio, a família de Noé cresceu,
ocupou um mundo novo e se estabeleceu.

E o tempo foi passando, e eles se multiplicaram,
mas novamente se corrompeu esse povo, e do Senhor Deus se afastaram.

Deus fez um pacto com o homem, no ARARAT Deus a Noé falou,
porém o homem voltou à idolatria, e desse pacto quase ninguém se lembrou.

Certos homens, em uma cidade, um monumento quiseram construir,
uma torre que fosse bem alta, o céu eles queriam atingir.

A si mesmo queriam exaltar, aos seus próprios méritos davam valor,
muito orgulho em seus corações, se esqueceram do Senhor.

E essa obra é iniciada, tijolos um a um eles colocaram,
porém esses homens obstinados, da presença de Deus se afastaram.

E Deus olhava lá do alto, tal atitude não lhe agradou,
descendência dos que salvou no dilúvio, o povo dele de novo se afastou.

E o Senhor decide então, o pecado não vai tolerar,
o homem exalta-se a si mesmo, **Babel não irá prosperar.**

Babel a torre se chamaria, mas sua conclusão o Senhor não permitiu,
e aquele povo que falava uma só língua, a essas línguas Deus confundiu.

Javé via a soberba do povo que ao céu queria chegar,
chegar pelos seus próprios méritos, sem ao seu Deus adorar.

E a obra fica inacabada, vergonha e humilhação,
e o povo é então espalhado, cada um em uma direção.

Novas línguas falariam, não podiam mais se comunicar,
e aquela grande construção, então teve que parar.

**Babel, Babel! Para a história entraria,
o homem quis chegar ao céu, mas assim não conseguiria.**

Para o homem no céu chegar, de Deus deve depender,
adorá-Lo em espírito e em verdade, e **Nele permanecer.**

Obras feitas por mãos humanas, incompletas irão ficar,
pois com nossos méritos humanos, a Deus não iremos agradar.

E aquele povo então pagou pelo orgulho em seu coração,
ninguém mais se entenderia, uma grande confusão.

Esse povo se tornaria errante, iria um grupo para cada lugar,
espalhados pela terra, de novo irão recomeçar.

Deus lhes deu uma lição e o povo não aprendeu,
continuou afastado do Senhor, de Javé se esqueceu.

**Passam-se nove gerações, do filho de Noé ao pai de Abraão,
e com esse homem Deus falaria, haveria uma reconciliação.**

O chama em **UR DOS CAUDEUS**, e **Abraão** então responderia,
e a partir desse novo chamado, **uma grande nação Deus faria.**

Deus amou a humanidade, e daria a ela o perdão,
e apesar da apostasia do homem, **Deus se torna amigo de Abraão.**

Seria esse homem o pai das nações, homem honesto que a Deus agradou,
e apesar da torre de Babel, a Abraão o Senhor abençoou.

E a história de Abraão, em seguida nós iremos contar,
Ele será um Patriarca do povo de Deus, Deus com ele irá caminhar.

A lição que nós tiramos aqui, de como poderíamos chegar ao céu,
não será construindo uma torre, não será através de Babel.

**O caminho é muito mais simples, o caminho será pela cruz,
basta nós olharmos para ela, basta olhar com fé para Jesus.**

5. ABRAÃO, O AMIGO DE DEUS.

Você já imaginou, amigo de Deus poder ser?
Não é tão difícil assim, basta a Ele obedecer.

Houve um certo Patriarca, e dele agora quero falar,
contar sua trajetória, vamos então começar.

Homem respeitado ele era e uma vida boa levava,
e por um chamado de Deus, com certeza, não esperava.

Vivia em **UR DOS CAUDEUS**, também era próspero e honrado,
com uma esposa muito amada, e então ele foi chamado.

Tinha setenta e cinco anos e não poderia imaginar,
que o criador de todas as coisas iria dele se lembrar.

Ele era bem saudável, forte e trabalhador,
e tinha um irmão, seu nome era **NAOR**.

Também tinha outro irmão, **HARÃ** este se chamava,
seria ele o pai de **LÓ** que esse homem tanto amava.

Esse homem era Abrão, com ele Deus iria falar,
e a fé em seu coração, começaria a exercitar.

Então Deus se manifesta, com voz audível lhe falou,
e ele mais do que depressa, **"Meu Senhor, aqui estou!"**

Deus lhe diz diretamente: *"Uma missão te darei!*
"Saia de onde está agora, e a sua semente multiplicarei!"

"Sai da tua terra", disse Deus, *"Vai aonde eu te mandar!*
"Deixe aqui os seus parentes, se ponha agora a caminhar!"

Deus não lhe dá mais detalhes, apenas o manda sair,
e confiando no Senhor, Abrão iria então partir.

Ele leva seu sobrinho Ló, que um dia o abandonaria,
e nesse caminho se separam, e Ló para Sodoma partiria.

Cidade que seria destruída por Deus, as pessoas ali gravemente pecaram,
porém para lá foram dois anjos, que a família de Ló dali tiraram.

Não poderiam olhar para trás, mas a mulher de Ló desobedeceu,
tornando-se uma estátua de sal, e ali mesmo ela morreu.

Ló com suas duas filhas um caminho diferente tomou,
seria ele o pai dos Moabitas, e esse povo de Deus se afastou.

E Abrão segue seu caminho, não tem mais o sobrinho ao seu lado,
triste por não ter ainda um filho, seu coração está angustiado.

Deus lhe faz uma promessa : *"A sua semente EU irei multiplicar!*
"Serás o pai das nações!", e Abrão vai acreditar.

"Abençoarei a quem te abençoar, quem for contra ti contra este serei!
"Em ti serão benditas todas as nações, e sempre com você EU estarei!"

E seguindo sua jornada, Abrão sua fé manifestou,
com a esposa Sarai ao seu lado, ao caminho se lançou.

Saindo de **UR DOS CAUDEUS**, Abrão começa a caminhar,
rumo a uma nova terra, Deus iria lhe guiar.

Muito Abrão viajaria, em Canaã então chegou,
também pelo Egito passaria, muito ele peregrinou.

Em sua terra deixou riquezas, mas sabia com quem estava,
o dono do ouro e da prata ao seu lado caminhava.

E entre vitórias e conquistas, Abrão sempre prosperou,
teve momentos de angústia, mas na fé perseverou.

Lembrava da promessa de Deus, pensava na grande nação,
nação que dele sairia, guardava em seu coração.

Homem maduro ele já era, de Ló ele se lembrava,
"Oh, meu sobrinho querido!" mas um filho ele aguardava.

Deus sempre esteve com ele e a promessa o Senhor ratificou,
"Eu vou cumprir no Meu tempo!", e Abrão acreditou.

E Sarai sua esposa, um filho queria lhe dar,
porém olha para Hagar, e vai então se precipitar.

Ela diz ao seu marido: "Minha serva eu te darei,
"terás um filho com ela, e assim me alegrarei".

Sarai se enganava, não era isso que ela queria,
ela queria um filho seu, o seu coração então doía.

E o filho com a concubina, **ISMAEL** se chamaria,
mas o filho da promessa, filho de Sarai seria.

Deus muda o nome de Abrão, Abraão iria se chamar,
seria o pai das nações, sua bênção iria chegar.

Sarai também é abençoada e o seu nome também mudou,
Deus lhe dá um novo nome, SARA então ela se chamou.

E então ele com cem anos, noventa anos Sara teria,
e por um milagre de Deus, **ISAQUE** então nasceria.

Uma alegria imensa invadiu seu coração,
era um presente de Deus, sentiu muita emoção

E ISAQUE foi crescendo, Ismael participava,
e Sara, incomodada, ao mais velho rejeitava.

Uma contenda instalada, propósito de Deus ali havia,
e Hagar com seu filho Ismael, logo então partiria.

Abraão despede a concubina, com seu filho ela partiu,
com tristeza em seu coração, desse filho se despediu.

Hagar e Ismael irão partir, outro povo iria se formar,
Abraão então os abençoa, no futuro iriam se encontrar.

Fica o filho da promessa, **o ISAQUE do Senhor,**
uma família abençoada, manifesto era o amor.

O garoto vai crescer, jovenzinho se tornar,
Abraão realizado, a Deus iria adorar.

Mas algo Deus lhe pediria, bem difícil de fazer,
em holocausto deveria o seu filho oferecer.

E Abraão se assustou então, não podia aceitar,
Deus tinha lhe dado ISAQUE, por que iria lhe tirar?

Então num grande brado ele diz: "Senhor! Tenha de mim compaixão!
"Olha para este teu servo, está doendo meu coração!

"Por que **TU** me pedes tal coisa, **Senhor?** Não vou poder suportar!
"Tu me deste um presente, e agora quer me tirar!"

Com certeza Abraão chorou, e Deus sua lágrima recolheu,
e apesar de muita dor, ao Senhor ele obedeceu.

Deus o estava provando, ele ainda não sabia,
que **do MONTE MORIÁ, com seu filho voltaria.**

E ao monte então subiam, e o menino indagava,
"Fogo, lenha e o cutelo já temos, papai...", mas o cordeiro ainda faltava.

E com a alma angustiada, Abraão vai responder,
"Quanto ao cordeiro, meu filho, o Senhor irá prover".

**Ele disse essas palavras, e sem saber profetizou,
falou do cordeiro de Deus, que um dia nos salvou.**

**E logo ISAQUE percebe, ele mesmo iria morrer,
poderia ter fugido, mas prefere obedecer.**

E com lágrimas nos olhos, ao seu filho iria imolar,
mas o Anjo lhe diz então: ***"Abraão, não precisa o matar!***

*"Tu já provaste que é fiel, e Deus a ti contemplou,
"pois o teu único filho, tu a **ELE não negou**.*

**"Sua semente será bendita, Deus te abençoará,
"e esse monte terá um nome: 'O Senhor Proverá!'"**

**Abraão não se contém, alegria e emoção,
O brado do Anjo ele ouviu, bateu forte seu coração.**

E um carneiro apareceu, o holocausto é realizado,
abraçando o seu filho, se sentindo aliviado.

**E no MONTE MORIÁ, a ISAQUE o Senhor poupou,
mas depois de dois mil anos, Deus ali o seu filho entregou.**

**Deus nos daria um recado, basta a nós confiar,
nos daria o verdadeiro cordeiro que um dia morreria para nos salvar.**

**"Deus proverá o cordeiro", Abraão profetizou,
que foi morto em uma cruz onde ELE nos salvou.**

**Foi nesse mesmo lugar, que tudo consumado seria,
pendurado em uma cruz, Cristo por nós morreria.**

**E provando sua fé, amigo de Deus foi chamado,
Abraão, pai das nações, foi um homem abençoado.**

Ser amigo de Jesus qualquer homem pode ser,
basta se entregar a **ELE**, e a **ELE** obedecer.

Jesus disse certa vez, *"Não foi você quem me escolheu"*,
Abraão foi escolhido e a Deus obedeceu.

Como Abraão ouviu a voz de Deus, tu também a ouvirá,
entregue-se a Cristo agora, suba ao **MONTE MORIÁ**.

Este monte não está longe, está mais perto do que você pode imaginar,
basta dar o primeiro passo, basta em Deus acreditar.

**O Senhor nos pede algo simples, "Dar o passo por meio da fé",
nascer do Espírito e morrer para o mundo, olhar para o
homem de Nazaré.**

6. JÓ, SEM A FÉ NÃO HAVERIA PACIÊNCIA.

Havia um homem no oriente, na época de Abraão,
uma história paralela e com muita emoção.

Esse homem era rico, próspero e abençoado,
ele buscava muito a Deus e não era incomodado.

Uma grande família ele tinha, empregados e tudo mais,
também tinha muitas terras, tinha muitos animais.

Não foi um dos Patriarcas, mas conhecido ele ficaria,
o seu nome seria JÓ e sua fama se espalharia.

Ele era muito grato a Deus, pelos seus filhos ele orava,
mas o que viria a acontecer, ele jamais imaginava.

No mundo espiritual, muitas lutas são travadas,
e assim como na terra, "no céu também existem espadas".

**Lembremos de Daniel, vinte e um dias a orar,
e o Anjo Gabriel por ele iria lutar.**

Certamente, a vida de JÓ ao inimigo incomodava,
e destruir a esse homem, ele tanto desejava.

Certo dia o Senhor aos seus anjos recebia,
mas satanás rodeando a terra, então a Deus falaria.

Deus diz a ele então, sua presença questionou,
e ali na frente dos anjos ao diabo perguntou:

"De onde tu vens?" Satanás respondeu: *"Pela terra a passear".*
E Deus onisciente que é, iria então lhe falar.

Nesse encontro inusitado, sobre JÓ Deus ali falou,
deu testemunho de um homem, a JÓ Deus elogiou.

"Observas esse meu servo, do mal ele se desvia"
E satanás, astuto que é, ao Senhor responderia.

"Debalde JÓ não te serve, Tu não deixas nada lhe faltar,
Tira dele o que ele tem, e ele irá então blasfemar".

Diante de tais palavras, Deus resolve a JÓ provar,
autoriza satanás agir, menos na vida de JÓ tocar.

Deus conhecia seu servo, permite a destruição,
JÓ era um homem de fé, tinha um ótimo coração.

O Senhor parecia estar longe, mas com JÓ ele sempre ficou,
mesmo no momento mais difícil, **Deus jamais o abandonou.**

E o inimigo começa então na vida de JÓ tocar,
seu objetivo era fazer JÓ contra Deus blasfemar.

E a tragédia se inicia, seu gado morre então,
outros seriam roubados, perde toda a criação.

Muitos empregados são mortos, outros vão lhe abandonar,
mas a pior notícia de todas ainda iria chegar.

Tinha havido um acidente, uma casa desabou,
todos os seus filhos lá estavam, o mensageiro lhe falou.

E o mensageiro da morte veio ali lhe informar,
todos os seus filhos estão mortos, nenhum sequer iria sobrar.

Nesse momento de dor, satanás se alegrou,
"Agora ele abandona o seu Deus", mas o maligno se enganou.

E JÓ declara então, palavras sábias ele falou,
e mesmo sentindo muita dor, ao seu Senhor ele adorou.

"Nu do ventre de minha mãe saí, nu para a terra eu voltarei,
"Louvado seja o nome do Senhor! Somente a Ele adorarei".

Satanás não satisfeito, a Deus voltou a falar,
e da mesma forma falou: "Estou no mundo a passear."

E Deus repete, então, de JÓ novamente falou,
"Ele perdeu todos os seus filhos, mas de Mim não se desviou."

E um novo desafio, o diabo ira então lançar,
"Me deixe tocar na sua pele, então ele irá blasfemar".

Deus autoriza então, *"Em seu corpo tu podes tocar,*
"Mas de maneira nenhuma, sua vida irá tirar".

E o Senhor deixa bem claro, **sofrimento sem causa** seria,
JÓ não havia pecado, mas mesmo assim sofreria.

E o inimigo sagaz, para a terra se dirigiu,
e sem perder nenhum tempo, a JÓ ele então feriu.

Enfermidade fulminante, por um momento difícil JÓ passava,
usava um caco de telha, sua pele então raspava.

Desde a planta de seus pés até a cabeça ele sofria,
ficou irreconhecível, muita dor ele sentia.

Riquezas ele perdeu, aos seus filhos sepultou,
e agora moribundo, **mas ao Senhor não abandonou.**

O inimigo aplaudia, ele queria ver JÓ chorar,
ele queria ver aquele servo do Senhor se afastar.

Ele quer roubar, nos matar, causar destruição,
quer ver a obra-prima de Deus caída, sem vida, no chão.

O prazer de satanás é nossa alma roubar,
nos afastando do Senhor, ele quer mesmo é nos matar.

Mas ele sabe que temos um escudo, uma armadura, uma luz,
sabe **que não pode tocar naquele que hoje** é de Jesus.

Sabemos que pelo sofrimento qualquer um pode passar,
mas nem sempre é pelo pecado, Deus pode querer te provar.

José foi feito escravo e não foi porque ele pecou,
mas se manteve fiel a Deus, e o Senhor a ele honrou.

Podíamos dar outros exemplos, mas em JÓ vamos focar,
uma lição de paciência, Deus irá nos ensinar.

Era um momento de dor, parecia que era o fim,
mas JÓ tinha uma esperança, não iria acabar assim.

Existia uma pessoa que poderia lhe apoiar,
mas em vez disso ela se revolta e resolve a Deus culpar.

Sua esposa ela era, foi tudo que lhe restou,
Ela o manda amaldiçoar a Deus, então ele ali falou:

"Tu falas como uma louca, mas eu tenho a te dizer,
"mesmo que eu perca a minha vida, a minha fé eu não vou perder!

"Sempre aceitei o bem de Deus, por que o mal não vou aceitar?
"Aconteça o que acontecer, ao meu Deus vou adorar!"

Pensem na esposa de JÓ, dez filhos veio a enterrar,
pensem na dor de uma mãe, não podemos a condenar.

O momento era difícil, vendo seu marido sofrer,
a ela faltaria a fé que JÓ haveria de ter.

A história não nos conta, mas podemos imaginar,
à esposa de JÓ no futuro, Deus poderia perdoar.

O pior momento de sua vida, JÓ então não suportou,
fala contra sua madre, **mas a Deus não acusou.**

Sua dor só aumentava, não podia mais suportar,
amaldiçoa a si mesmo, mas para Deus continuava a olhar.

"O que eu temia me sobreveio!", Ele disse em um momento de agonia,
mas Deus conhecia seu coração e em conta não levaria.

JÓ recebe três amigos, que vieram lhe visitar,
dividir a sua dor, queriam lhe consolar.

Porém, ficam arrasados, não podiam o reconhecer,
JÓ estava transfigurado, não aguentava mais sofrer.

Eles se assentam com ele na terra, sete dias ali ficaram,
nada eles lhe diziam, força em Deus eles buscaram.

Seus amigos, depois disso, começam a lhe acusar,
"Está assim porque pecou, tu deves a Deus buscar".

JÓ então se justifica: "Mal nenhum eu tenho feito,
"Vocês estão se precipitando, me acusar assim não é direito".

**Palavras belas eles usavam, palavras macias como uma flor,
porém falsas e mentirosas, palavras que só aumentavam sua dor.**

Tentavam então convencê-lo de que a doença só existia,
pois ele havia pecado e se arrepender deveria.

Imaginem esse momento, satanás ali ao lado,
acusando aquele homem que Deus havia elogiado.

Mas Deus está no controle, o seu servo não abandonou,
ficou com ele o tempo todo e viu quando ele chorou.

ELIFAZ, BILDADE, ZOFAR são nomes para se esquecer,
os amigos que hoje te acusam, nunca podem te reerguer.

Então JÓ se dirige a Deus, pede a Ele compaixão,
ele se humilha com tamanha fé, coloca seu rosto no chão.

E em meio a tanta dor, fala então a palavra certa,
palavra que salva e cura, a palavra que liberta.

Então JÓ inspirado por Deus, com muita fé em seu coração,
reconhece que não é perfeito, e pede a Deus o perdão.

"Quem dera as minhas palavras, registradas pudessem ficar,
"abençoando a outras vidas, que as pudessem escutar.

"Porque eu tenho convicção, e posso agora afirmar,
"O MEU REDENTOR VIVE! e do pó da terra irá me tirar".

Foram palavras de fé, vieram de seu coração,
palavras inspiradas por Deus, muito mais do que simples emoção.

**É possível o justo sofrer, assim como o ímpio prosperar,
mas o importante é estar com Deus, isso JÓ nos tenta passar.**

E seus amigos não cessam, continuam a lhe acusar,
E JÓ sentindo muita dor, ainda os irá perdoar.

"Enquanto em mim houver alento, e o sopro de Deus no meu nariz,
"Vou manter minha esperança, de um dia ainda ser feliz.

"Não pronunciarei iniquidade (dizia JÓ), e a minha língua preservarei,
"pois eu sei que existe um Deus, e com esse Deus eu estarei."

**Sei que o meu Deus eu verei, com esses olhos O irei enxergar
Ele está no controle de tudo, Ele irá me consolar.**

Ele não entendia por que sofria, mas sabia que havia uma razão,
razão que somente Deus conhecia, disso ele tinha convicção.

Em determinado momento, muita saudade JÓ sentia,
ele lembra então de seus filhos, do tempo em que ainda sorria.

Ele se engana em uma coisa, nisso estava equivocado,
sua dor doía tanto, achava que seu Deus o teria abandonado.

Um momento de desespero, a dor lhe tirava a razão,
mas logo olhava para o Senhor, Deus conhecia seu coração.

Um quarto amigo surge então, **ELIÚ** ele se chamava,
repreende os outros três, com eles não concordava.

Esse amigo não o acusa, mas também não o defende,
mostra-lhe outra perspectiva e a JÓ então repreende.

Tenta fazer JÓ entender que não adianta se justificar,
sempre existe um propósito de Deus, cabe a nós apenas confiar.

Na carta de Paulo aos Romanos, a resposta ali estaria,
"**Não há um justo sequer!**", da Graça JÓ precisaria.

Chega o momento crucial, o Senhor vai lhe fazer entender,
fala a JÓ diretamente, seu corpo agora irá tremer.

"Cinge teus lombos agora, agora tu vais me escutar,
"Preste muita atenção, no que EU irei te perguntar.

"Onde tu estavas quando fundei a Terra? Diga-me se tiver condição,
"O que pensavas tu quando fiz bater seu coração?

"Quem sobre a Terra estendeu o Cordel? Tu podes então me dizer?
"Onde estavas tu quando criei a vida e fiz tudo acontecer?

"E sobre a pedra de esquina, o que podes me falar?
"E quanto às estrelas da alva que estão a me contemplar?

"Meu querido filho, JÓ, bem sobre você testemunhei,
"pois conheço teu coração, e teu cativeiro EU mudarei".

E ouvindo a voz do Senhor, JÓ entende em seu coração,
entende que Deus é soberano, JÓ entende a lição.

Homem bom antes ele era, mas melhor ele irá ficar,
Deus lhe daria a cura e tudo que perdeu irá recuperar.

Entendeu que não há homem bom, bom somente Deus seria,
Jesus diz isso ao jovem rico e este não entenderia.

Nossos méritos nada valem, Deus olha nosso coração,
devemos ser humildes de espírito, JÓ aprendeu essa lição.

JÓ agora entendeu, melhor do que ouro e poder,
percebe que o mais importante é na presença de Deus permanecer.

JÓ sempre adorou a Deus, porém, se autojustificava,
agora ele irá entender que apenas a Graça lhe bastava.

Satanás foi derrotado, e furioso vai ficar,
mas ainda quer destruir o homem, até o final ele irá tentar.

E JÓ adorando a Deus exalta ao seu Senhor,
Deus recebe a adoração e retira a sua dor.

JÓ declara humildemente, **"Falei coisas que não entendia,**
"Coisas que para mim eram boas, coisas que eu não compreendia".

Ele agradece ao seu Deus, por Ele ter lhe ensinado,
agradece finalmente, por Ele ter lhe curado.

Existem doenças na carne, mas o espírito também adoece,
porém em ambos os casos, Deus sempre se compadece.

O corpo pode muito sofrer e até à sepultura chegar,
mas o espírito é imortal e com o Senhor deve sempre estar.

E aos três amigos de JÓ, Deus dá orientação,
"Vão até o meu servo amado, e ele lhes fará uma oração".

E depois de serem repreendidos, com JÓ foram então falar,
e JÓ ali foi curado quando começou, por eles, orar.

E com sua pele restaurada, o cativeiro ali mudou,
E JÓ cheio do Espírito Santo, pelos três amigos orou.

Deus lhe deu então em dobro, tudo que antes ele perdeu,
teve novamente filhos e ao Senhor agradeceu.

JÓ prosperou novamente, cabeças de gado ele voltaria a ter,
fartura em todas as áreas, homem rico voltou a ser.

Mesmo próspero ele sabia, nada disso tem mais valor,
pois o seu maior tesouro era estar com o Senhor.

Seus parentes então voltaram, a família voltou a crescer,
filhos lindos teve novamente, voltou a razão de viver.

JÓ não foi um homem perfeito, em alguns momentos se equivocou,
porém em toda sua vida jamais ao seu Deus ele negou.

E depois de muito sofrer, saúde abundante ele teria,
muitos anos de vida ainda teve, Deus o abençoaria.

E um presente o Senhor lhe deu, sua quarta geração presenciou,
uma coisa maravilhosa, um bisneto ele carregou.

Vale a pena servir a Deus, mesmo se tiver que sofrer,
pois nosso Deus é poderoso, pode todo cativeiro reverter.

7. JACÓ/ISRAEL.

**Lembrando dos Patriarcas, de Jacó iremos falar,
mostrar as lutas pelas quais passou até Israel se tornar.**

**Isaque era seu pai, neto de Abraão ele seria,
Rebeca era sua mãe** e um irmão gêmeo ele teria.

Junto com seu irmão ele nasceu e seu calcanhar seguraria,
seriam muito diferentes e um dia ao seu irmão enganaria.

Esaú seu irmão se chamava, homem forte, peludo, vivia a caçar,
e Jacó, homem simples e pacato, em tendas ele iria habitar.

Crescem juntos sob a vista do pai, mas havia certa divisão,
Isaque amava seus dois filhos, mas para Esaú ele dava mais atenção.

Isaque admirava a Esaú, olhava a sua habilidade para caçar,
e Jacó vai ficando de lado, seu pai quase o iria desprezar.

Porém, Rebeca, sua mãe, a Jacó sempre amou,
talvez por ser ele mais frágil, ela de Jacó sempre cuidou.

Esaú nasceu primeiro, viu primeiro a luz do Sol brilhar,
mas Jacó deu o seu recado, segurando seu calcanhar.

E o tempo foi passando, a esta família Deus abençoava,
mas algo relevante acontecia e aquele cenário então mudava.

**Havia algo que tinha muito valor, naquela época a diferença fazia,
falo da primogenitura, a bênção maior o filho mais velho teria.**

E, certo dia, Esaú de sua caça estava voltando,
enquanto isso, Jacó, um prato apetitoso estava preparando.

Era um guisado de lentilhas e o aroma invadia o ar,
Esaú chegou ali faminto, e aquele guisado ele quis provar.

Ele pede a Jacó o alimento, seu estômago lhe tirava a razão,
Jacó então se aproveita, **já tinha um plano em seu coração.**

"A lentilha tu podes comer se tua primogenitura me passar,
"Jure agora diante de Deus e pode então se alimentar".

Esaú responde então: "De que me vale tal regalia?
"Quero matar minha fome!", **e a sua primogenitura desprezaria.**

Jacó então conseguiu esse privilégio de seu irmão tirar,
ficou registrado no céu, não se poderia mais revogar.

Esaú não se preocupou, ser o mais velho não lhe importava,
pensava apenas no momento, comer e beber lhe bastava.

As coisas valiosas de Deus, muitos hoje estão a desprezar,
muitos agem como Esaú, apenas a carne querem saciar.

Outros desprezam o lado espiritual, do futuro irão se esquecer,
pensam somente no agora, mas um dia irão se arrepender.

O "agora" tem sua importância, para uma decisão você tomar,
"agora" deve se entregar a Jesus, a "lentilha" tu deves rejeitar.

Passa-se mais algum tempo, Isaque então envelhecia,
chegava um momento importante, a cada filho ele abençoaria.

Uma bênção seria maior, o filho mais velho iria receber,
Isaque conhecia seus filhos, mas seus olhos já não podiam ver.

Isaque pede a Esaú: "Uma boa caça deves preparar,
"faça-me um prato especial e a minha bênção irei te dar".

E o animal Esaú foi caçar, mas Rebeca aquela conversa escutou,
ela chama Jacó e eles se apressam e agora o seu pai, Jacó também enganou.

Esaú era muito peludo, seu pai iria perceber,
mas com pelos de animais em seus braços, a bênção principal Jacó iria receber.

Sua mãe o ajudou, ao seu pai ele enganar,
a primogenitura ele já tinha e agora da bênção principal iria se apoderar.

"Deus de Abraão, de Isaque e de Esaú!" tal frase nunca se ouviria,
e por um propósito de Deus, o lugar de Esaú Jacó ocuparia.

E Esaú chegando, então, a sua caça iria preparar,
vai oferecer ao seu pai e Isaque irá então chorar.

Descobre que foi enganado, mas nada mais pode fazer,
a bênção já é de Jacó, o coração de Esaú vai arder.

Isaque abençoa Esaú, porém uma bênção secundária seria,
os direitos de filho mais velho, Esaú nunca mais teria.

O ódio em seu coração começa a se manifestar,
e impulsionado pela ira, a Jacó Esaú quer matar.

E Rebeca já pressentia, e a Jacó ela orientou,
"Fuja daqui por algum tempo", e Jacó então se ausentou.

E quando Jacó viajava, no deserto ele dormia,
Deus falaria com ele e algo a ele mostraria.

Enquanto Jacó repousava, o Senhor a ele falou,
ele vê uma escada que ia até o céu e a glória de Deus se manifestou.

Via Anjos a subir e a descer, uma esplêndida visão!
em sonho Deus se revelava, tocava em seu coração.

E nesse lugar que sonhou, um altar construiria,
um altar para o seu Deus, ao seu Deus adoraria.

Longe da vista do seu irmão, o seu tio ele foi procurar,
Labão, irmão de Rebeca, e com suas filhas iria se casar.

A Lia e a Raquel ele amou, muitos filhos ele teria,
seria também pai das nações, e seu nome então mudaria.

Foi enganado pelo tio, mas também ao tio ele enganou,
mas Jacó "o enganador" em Israel se transformou.

Com um "Anjo" Jacó lutou, e com persistência prevaleceu,
agora ele se chama Israel, um novo nome Deus lhe deu.

E esse "Anjo" que com ele lutava, a sua perna ele machucou,
e essa seria sua marca e para sempre Jacó mancou.

Muitos anos ali se passaram, a ira de Esaú acabaria,
ele vai ver o seu irmão, a Jacó perdoaria.

E Israel já com sua família, com Esaú iria se encontrar,
teve receio a princípio, mas o Senhor com ele iria estar.

E diante de seu irmão, que mais forte que ele seria,
Esaú poderia matá-lo, mas ao seu irmão abraçaria.

Ele se despede de Esaú, mas a Isaque ainda iriam ver,
seu pai estava já muito velho, já estaria prestes a morrer.

E junto com Esaú então, o seu pai ele sepultou,
se despede do irmão, e seu caminho então ele tomou.

Com sua família ele partiu, em nova terra habitaria,
começa uma nova jornada, Deus a ele abençoaria.

Dessa história tiramos uma lição, o que Deus te deu jamais deverá trocar,
virão muitos prazeres momentâneos querendo sempre te enganar.

Esaú só pensou na comida, em detrimento do que tinha real valor,
por mais lutas que venhamos a passar, o que vale é estar com o Senhor.

A lentilha sacia o ventre, mas a fome novamente virá,
a palavra de Deus sustenta o espírito, **Cristo nos fortalecerá.**

Lute sempre pela sua bênção, nunca deves desistir,
mesmo que tenha que lutar com o "Anjo", deves sempre prosseguir.

Haverá um momento em sua vida, que uma decisão você deverá tomar,
desista de ser um "Jacó" e um "Israel" deverás se tornar.

Jacó foi abençoado, a esse homem Deus então honrou,
seu nome entraria para a história, **um dos Patriarcas se tornou.**

Seu nome seria o nome do povo, grande honra ele teria,
e o povo de Deus dali em diante, Israel se chamaria.

Quando Deus muda o nome de um homem, o caráter também é mudado,
O Senhor tira algo que não é bom, e sempre algo bom Deus tem colocado.

**Abrão se tornou Abraão, Saulo em Paulo se transformou,
Jacó seria agora Israel, e a todos eles o Senhor abençoou.**

Jacó teve doze filhos, as doze nações de Israel,
e de uma dessas doze tribos, **viria o Emanuel.**

*De Judá procederia, o grande rei Davi que Deus amou,
e da descendência desse rei viria o REI dos REIS que nos salvou.*

8. JOSÉ, FILHO DE JACÓ.

Jovem belo e formoso ele era, sonhador e abençoado,
muito amado pelo seu pai, porém pelos irmãos era odiado.

**O seu nome era José, o mais velho de Raquel,
Seu pai lhe ensinava de Deus, mostrava-lhe o caminho do céu.**

Uma mente brilhante ele tinha, Deus o tinha abençoado,
muito mais do que a seus irmãos, Deus o tinha capacitado.

Levavam uma vida simples, em Canaã eles habitavam,
uma família abençoada, mas nem todos se amavam.

E em José se manifestava um dom que Deus lhe daria,
um dom bem peculiar que aos demais incomodaria.

Tinha o dom de interpretar sonhos, e esse dom muito iria usar,
José não imaginava, mas os destinos de sua nação ele iria mudar.

**Sonhou com feixes de trigo, onze feixes ao seu redor,
eles o reverenciavam, José era o feixe maior.**

José conta o sonho aos irmãos, que indignados ali ficaram,
o desprezam totalmente, a José eles rejeitaram.

**Também sonhou com o sol e a lua, e onze estrelas lá no céu,
seriam seus irmãos sujeitos a ele, inclusive seu pai Israel.**

Novamente conta o sonho a todos, seu pai o repreende então,
pois tal sonho naquele momento era uma afronta, uma aberração.

E Jacó não percebia, a ira que seus filhos sentiam,
todos olhavam para José, pelo ciúme se moviam.

O mesmo pai eles tinham, mas não podiam se conformar,
José era o preferido, começavam a lhe odiar.

Uma túnica Jacó lhe deu, colorida e ornamentada,
então a ira dos seus irmãos ali foi alimentada.

E nesse ambiente conturbado, o tempo foi passando,
José ia então crescendo, e seus irmãos o observando.

O seu pai lhe ensinou sobre o Deus que ele servia,
e José assimilou, outro Deus não haveria.

Certo dia no deserto, seus irmãos juntos estavam,
e José ali chegou enquanto eles conspiravam.

Ele tinha ido aos irmãos, alimento a eles levou,
e ao invés de agradecer, o ódio se manifestou.

E José não imaginava o que iria lhe acontecer,
seus irmãos covardemente o iriam então vender.

Jogado em uma cova ele foi, eles queriam lhe matar,
Mas Judá ali pondera: "Podemos negociar!

"Ele é sangue do nosso sangue, matá-lo não vamos poder,
"Nós seríamos então malditos, pelo resto da vida iríamos sofrer".

Não tirariam a sua vida, seu sangue não derramariam,
mas fariam algo tão grave, seu irmão eles covardemente venderiam.

Mercenários por ali passavam: "José a eles iremos vender!
"Nosso irmãozinho sonhador! Agora ele irá aprender!".

Então eles o tiram da cova, José pensa: "Vão me libertar!"
mas para sua decepção, com os ISMAELITAS iriam negociar.

Ódio e inveja no coração, grande pecado irão cometer,
o pecado da traição, um dia iriam se arrepender.

E por vinte ciclos de prata, a José irão levar,
Mercadores ISMAELITAS a ele irão maltratar.

Simeão pensou então, a túnica com sangue sujou,
vamos mentir para o nosso pai, e **Jacó então chorou**.

Como escravo José foi levado, agora ele iria sofrer,
acabou a vida boa, tudo ele iria perder.

Só uma coisa restaria, a fé em seu coração,
José ainda teria **o DEUS DE JACÓ, ISAQUE e de ABRAÃO**.

Seus irmãos foram para casa com a mentira preparada,
mas um dia eles sentiriam "o grande peso de uma espada".

De José não deram conta, a túnica suja de sangue estaria,
Jacó chora amargamente, sangue de seu filho seria.

Atacado por uma besta fera, uma mentira elaborada,
Jacó então acreditaria, tem sua alma despedaçada.

E para uma terra distante os mercadores a José levavam,
e ele amarrado sofre muito, de José eles debochavam.

O Egito era o destino, a viagem dura seria,
José pensava no pai, dele nunca se esqueceria.

Muitos dias se passaram, com José angustiado,
e chegando ao Egito foi logo negociado.

Mercadores ambiciosos, ISMAELITAS vindo do norte,
a POTIFAR o venderam, mudando assim a sua sorte.

Escravo ele ainda seria, mas teria o que comer,
e mostrou para o seu senhor que também sabia ler.

Foi ganhando confiança e mostrando seu valor,
e na casa do eunuco se tornou administrador.

Parecia tudo bem, mas no pai ele pensava,
uma saudade doída, ao seu Deus ele clamava.

POTIFAR homem bom era, e em José ele confiou,
deixou tudo em suas mãos, e sua casa então prosperou.

E confiando em José, POTIFAR se ausentaria,
mas sua esposa maliciosa, para José então olharia.

A mulher tenta seduzi-lo, mas José se esquivava,
mas um dia ela o cercou, armadilha lhe preparava.

Mulher formosa ela era, não é fácil resistir,
mas na força de seu Deus, José conseguiu fugir.

Fiel a Deus ele foi e a tal mulher rejeitou,
então pagaria o preço, na prisão ele ficou.

A egípcia mentiu, a José iria acusar,
ele a teria atacado, e POTIFAR nela vai acreditar.

José então clama a Deus: "Não consigo entender!
"Fiel a ti tenho sido, por que tenho que sofrer?"

Mas no fundo ele sabia, que Deus com ele estaria,
e mesmo ali na prisão, jamais o abandonaria.

E naquela prisão fria, um lugar duro de estar,
mas apesar do sofrimento, José iria prosperar.

Conquistou a confiança do carcereiro, seu respeito ele ganhou,
e então de muitos presos, José ali também cuidou.

E ali no cárcere com José, estavam presos pela traição,
o copeiro e o padeiro, condenados à prisão.

José, homem carismático, uma luz nele brilhava,
sempre firme em seu Deus, ele não desanimava.

Amizades ali surgiram, confiança e gratidão,
José tinha todos ali dentro de seu coração.

E um fato inusitado no cárcere aconteceria,
ao copeiro e ao padeiro José então ouviria.

Cada um sonhou um sonho, e a José eles contaram,
e logo ele interpretou, e todos se admiraram.

O copeiro se alegrou, libertado ele seria,
mas o padeiro chorou, este logo morreria.

E os sonhos interpretados, tudo aquilo se cumpriu,
o copeiro agora livre, de José se despediu.

Nesse último momento, José deu-lhe um recado,
fala ao Faraó sobre mim, pois me encontro angustiado.

Dois anos se passaram e o copeiro não se lembrou,
de José se esqueceu, ele nem se preocupou.

Mas Deus está no controle, de José não se esqueceu,
esteve sempre com ele e ainda o fortaleceu.

Então surge um fato obscuro, Faraó em seu leito também sonhou,
grande angústia ele sentiu, ninguém o interpretou.

Deus lhe mostra o Egito e o que iria acontecer,
mas mostra através de um enigma, e o Faraó não poderia entender.

Em seu sonho ele contempla sete vacas que eram gordas então,
eram belas e formosas, uma esplêndida visão.

Essas vacas saem do Rio Nilo, e outras sete vacas magras aparecem,
as vacas magras devoram as vacas gordas, as quais então perecem.

O Faraó vendo as vacas magras, devorando as gordas naquela visão,
porém continuavam magras, causando preocupação.

Outro sonho o Faraó teve, paralelo, semelhante,
muito angustiado ficou, alterou o seu semblante.

O Faraó reconheceu, de alguém especial precisava,
mas em seus magos e videntes, a resposta não encontrava.

Foi então que o seu copeiro, de um certo hebreu ali se lembrou,
falou ao rei sobre José e do seu sonho que ele interpretou.

E o Faraó preocupado: "A quem mais vou recorrer?
"Tragam-me esse homem agora, para a resposta eu obter".

Então tiram José da prisão, um bom banho, limpo ele ficou,
vestes novas diante do Faraó e o seu sonho José interpretou.

Antes José ora a Deus, e busca orientação,
E Deus lhe deu a resposta, deu-lhe a interpretação.

Vacas gordas mostram fartura, por sete anos iria durar,
vacas magras então as devoram, o alimento iria acabar.

José lhe mostra aquele quadro, tudo que iria acontecer,
O Faraó apavorado: "O que eu devo então fazer?"

E o próprio José lhe orienta: "De alguém sábio vais precisar",
O Faraó já tem a resposta, começa para José olhar.

Sete anos de miséria, solo seco, morte então,
"E quem seria esse homem, para trazer a solução?"

E diante do Faraó, a luz de José brilhava,
Ali estaria o homem do qual o Faraó precisava.

Essa luz vinha de Deus, José iria entender,
que os propósitos do Senhor começariam a acontecer.

O Faraó se impressiona, "Qual foi o deus que te revelou?
"Hebreu agora eu te digo, meu coração você acalmou.

"Você é o homem que eu preciso, outro não vou encontrar,
"Alguém com muita sabedoria, para com essa situação lidar."

A sabedoria dos "deuses", o Faraó em José percebeu,
não importava quem ele fosse, mesmo que fosse um hebreu.

Mal sabia o Faraó, o Deus de José é o único e verdadeiro,
É o Deus que age sempre no momento derradeiro.

O Faraó lhe daria poder, em tudo José iria dominar,
comandaria todo o Egito e todos o iriam respeitar.

José então fica em silêncio, depois que o sonho interpretou,
ele agradece ao seu Deus, agora tudo então mudou.

Vestes nobres ele ganhou, o anel, e também o poder,
e todos agora iriam a José obedecer.

Todos se curvariam a ele, inclusive a mulher de POTIFAR,
mas ele não pensou em vingança, José já começaria a perdoar.

Deus agia na sua vida naquele momento, porém nunca o abandonou,
os tempos pertencem a Deus, José tudo isso assimilou.

E ele seria honrado, de tudo iria cuidar,
e acima de José, somente o Faraó iria estar.

Da mesma forma a Jesus, todo poder a Ele foi dado,
morreu por nós em uma cruz, onde um dia ELE foi pregado.

E acima de Jesus, somente o Deus pai iria estar,
E diante Dele naquele grande dia todo joelho irá se dobrar.

ELE é O ALFA e O ÔMEGA, sua essência é o AMOR,
perdoou os nossos pecados, alivia a nossa dor.

**José foi um tipo de Cristo, Deus muito o iria usar,
ele então ajudaria a todos, sabedoria o Senhor iria lhe dar.**

Foram sete anos de abundância, e José com sua sabedoria,
estocou o alimento e nada lhes faltaria.

Mandou construir novos armazéns para o trigo poder estocar,
produziram em grande quantidade, comida não iria faltar.

Os celeiros ficaram cheios, o alimento era então guardado,
José entrando para a história do Egito, seu nome para sempre seria lembrado.

Nesse período José se casa e dois filhos ele teria,
seriam Efraim e Manassés para completar sua alegria.

E chegando os anos de fome, o mundo todo clamava:
"No Egito existe um homem!" que a todos alimentava.

E José com discernimento, fazia a distribuição,
ele ali controlava tudo, tinha tudo em sua mão.

Inclusive em Canaã, a fome também se instalava,
e a família de José, privações então passava.

Rubem, Levi, Simeão decidiram viajar,
teriam que ir ao Egito para o alimento buscar.

Partiram então com Judá, e todos os outros irmãos,
só não foi o Benjamim, com Jacó ficando então.

Benjamim era o caçula, filho de Raquel que Jacó tanto amou,
"foi no parto desse menino, que a minha amada me deixou!".

Os irmãos chegam ao Egito, depois de longa viagem,
cansados de carregar uma pesada bagagem,

E José os avistou, mas eles não o reconheceram,
José não se revelou, mas seus joelhos tremeram.

José então ora a Deus e pede orientação,
e Deus lhe dá a resposta, a resposta seria o perdão.

E diante de seus irmãos, mão pesada, pulso forte,
ele os chamava de espiões, os ameaçava de morte.

Implorando eles diziam: **"Senhor, não podes nos matar!**
"Só queremos alimento, viemos aqui para comprar".

E José os interroga: **"Quantos irmãos vocês são?"**
E Rubem diz que são onze, "Tenha de nós compaixão!"

José pede então uma prova: **"Tragam seu outro irmão,**
"Mas um ficará prisioneiro, e este será Simeão".

Eles voltam a Canaã, e a seu pai vão informar,
"Simeão é prisioneiro, Benjamin nós temos que levar".

Jacó fica transtornado, o seu filho não quer perder,
"Já perdi José, Simeão, não aguento mais sofrer".

Jacó está decidido: *"Benjamin vocês não irão levar!*
"Eu já estou perto da morte, não iria suportar!"

E nesse momento difícil, Judá entraria em ação,
ele conversa com seu pai e toca seu coração.

Judá dá a sua palavra, Jacó vai então escutar:
"Se eu não trouxer a Benjamin, réu diante de ti para sempre irei me tornar".

Então voltam ao Egito, levando Benjamin,
mais uma vez Jacó chora, ele acha que é o fim.

Novamente no Egito, bem tratados eles são,
Simeão se junta a eles, já está fora da prisão.

Tudo ali parecia bem, com mantimentos na bagagem,
estavam já todos prontos para retornar da viagem.

Todos bem alimentados, aquilo até um sonho parecia,
mas esse sonho momentâneo em um pesadelo se transformaria.

José tinha o controle, Deus deu-lhe a orientação,
e aqueles onze irmãos, ali teriam uma grande lição.

Pela manhã todos partem, mas José então planejou,
e o cálice do rei, com Benjamin ali se encontrou.

José mostra sua ira, os adverte, duro seria,
ele os chama de ingratos, Benjamin não entendia.

E um rápido veredicto: "Vocês podem todos ir!
"Mas Benjamin ficará comigo, para sempre irá me servir!"

Aterrorizados eles ficaram, pensam no seu pai a sofrer,
imploram ali **de joelhos**, mas José não iria ceder.

E José os vendo de joelhos, daquele sonho se lembrou,
e então a visão de *"onze feixes de trigo"* agora ali se consumou.

Deus é maravilhoso! Sempre tem a solução,
estava chegando o momento, o momento do perdão.

Judá novamente intercede...

"Senhor, pelo Deus de meu pai, te suplico, me ouça agora!
"Te peço em nome de Javé, esse teu servo te implora!"

José se afasta então, nenhuma resposta ali daria,
ele sai, vai buscar o seu Deus, **orar ele precisaria.**

Finalmente chega o momento, José então aparece,
na frente de seus irmãos **e do passado se esquece.**

**Pede aos seus servos que saiam, sozinho com seus irmãos ficaria,
e naquele momento histórico, uma lágrima escorreria.**

**Ele tira o turbante então, vai aos irmãos se revelar,
e ali diante de Benjamin, a quem tanto queria abraçar.**

**Benjamin, seu irmãozinho, de sua mãe Raquel se lembrou,
passa um filme em sua mente, e José então se revelou.**

A surpresa é total, sem fala seus irmãos ficaram,
José ali na frente deles, **aquele a quem eles negociaram.**

Eles ficam admirados, com medo, pensam *"Vai nos matar!"*
mas mal sabiam eles, **José iria lhes perdoar.**

**E José, nesse momento, sentindo grande emoção,
chora alto, todos ouvem, a voz de seu coração.**

José lhes explica então, necessário tudo isso seria,
foi um propósito de Deus e tudo se resolveria.

"Se eu não tivesse vindo para cá, e sentido tanta dor,
"O que seria do mundo agora? Não haveria um provedor!"

E assim seria com Jesus, Ele também precisou sofrer,
para dar a salvação, para todo aquele que Nele crer.

E naquele palácio no Egito, esse fato entraria para a história,
naquele salão do Faraó, Deus manifestaria a sua glória.

Chega o momento do abraço, momento compartilhado,
cada um deles percebe então que **estava sendo perdoado**.

Muitas lágrimas ali, Benjamin não conseguia se conter,
vendo novamente seu irmão, a Deus iria agradecer.

José recebe a todos, a seus irmãos vai abrigar,
todos ficarão no Egito, nova vida irão levar.

Um passado de mentiras, traição e de rancor,
seus irmãos são perdoados, manifesto é o amor.

**Eles aprenderam agora, o mal em bem Deus pode transformar,
entendem, finalmente, a nobreza do ato de perdoar.**

**Faltava ainda uma coisa, trazer seu pai, Israel,
dar-lhe um beijo, um abraço, antes de ele ir para o céu!**

Jacó é trazido ao Egito, irá ao seu amado filho reencontrar,
um abraço, muita emoção, de alegria agora ele vai chorar.

**Imaginemos esse momento, muitos anos Jacó chorou,
mas reencontrou o seu filho amado, Deus a ele recompensou.**

O filho que estava morto renascia, seu coração a palpitar,
era muita emoção, difícil de se controlar.

Família de novo completa, o Senhor a restaurou,
em tudo houve um propósito, novo tempo ali começou.

E a nação de Israel, no Egito ficaria,
e depois de alguns anos, escrava se tornaria.

Levanta-se outro Faraó, que a José não conheceu,
os hebreus começam a ser oprimidos e o povo de Deus então sofreu.

Mas depois de quatrocentos anos, Deus os iria libertar,
levantaria a Moisés e para Canaã iriam voltar.

Mas voltando a falar de José, eu ainda quero dizer,
esse homem foi usado por Deus e no final veio a entender.

Ele olhava para o passado, e paz ele podia sentir,
pois apesar de toda dor que sentiu, agora ele poderia sorrir.

Deus sempre esteve com ele, o Senhor nunca o abandonou,
e José reconheceu, e ao seu Deus ele adorou.

Já no seu leito de morte, para o futuro José olharia,
ele lembra de Canaã, a terra em que ele vivia.

E prevendo a volta de seu povo, um pedido inusitado:
"Quando voltarem à nossa terra, lá desejo ser enterrado

"Levem meus ossos a Canaã, só isso tenho a pedir,
"Quando do Egito forem libertos, quando do Egito meu povo partir".

Quando formos arrebatados, Jesus irá também nos levar,
para a Jerusalém celestial, é lá onde iremos morar.

Não levará somente nossos ossos; por completo com ELE ficaremos,
corpo, alma e espírito, vivos em Cristo para sempre estaremos.

Jesus deu-nos a salvação, perdoou os nossos pecados,
e um dia lá para o céu, também nós seremos levados.

**Essa é uma linda história, tocou nosso coração,
É uma história de amor, uma história de perdão.**

9. MOISÉS/ÊXODO/PÁSCOA/CEIA DO SENHOR.

Houve uma época, no Egito, em que o povo de Deus muito sofria,
mas o Senhor não estava alheio e no seu tempo agiria.

Descendentes de Jacó, por José haviam sido levados,
e muito tempo se passou, então foram escravizados.

Não perdiam a esperança, no auge de sua dor,
Deus olhou para o seu povo e lhes trouxe um libertador.

O Faraó tinha medo, o povo hebreu estava crescendo,
então mandou matar a todos os meninos que naquele período estavam nascendo.

Certo menino hebreu nasceu, e da morte ele escapou,
em um cesto no Rio Nilo, seu destino encontrou.

E sendo tirado das águas, Moisés ele foi chamado,
e pela filha do Faraó, esse menino então seria criado.

E o jovem foi crescendo, com riquezas e ostentação,
e o seu povo, enquanto isso, padecia grande aflição.

O tempo então foi passando, Moisés passa a perceber,
e se sente incomodado vendo o povo hebreu sofrer.

Não sabemos o momento em que a verdade ele percebeu,
agora não seria mais um egípcio, voltaria a ser um hebreu.

Certo dia ele se depara, vê um hebreu sendo maltratado,
sente sede de justiça, Moisés fica inconformado.

E movido pela emoção, ao hebreu foi defender,
então mata o soldado, onde muitos puderam ver.

Acusado então ele foi, ao egípcio ele matou,
não era sua intenção, mas uma vida ele tirou.

Moisés resolve então fugir, em MIDIÃ vai se abrigar,
O Faraó o quer prender, o Faraó o quer matar.

Um egípcio foi morto, isso era uma aberração,
e morto por um hebreu, não haveria perdão.

Moisés, assim, deixa para trás uma vida de riqueza,
seria agora um hebreu, disso ele tinha certeza.

Em MIDIÃ então se casa, a filha de JÉTRO ele amou,
tem dois filhos, se alegra, Moisés ali habitou.

E os hebreus escravizados, maltratados ainda eram,
mas lembravam de seu Deus, e pelo libertador esperam.

Mais quarenta anos se passam e Moisés mais velho já estava,
mas Deus ainda iria usá-lo, a idade não importava.

Certo dia refletindo, ao Monte Sinai Moisés subiu,
e naquela sarça em chamas, a voz de Deus ele ouviu.

Imaginem o privilégio, a voz de Deus poder ouvir,
busque ao Senhor todo tempo que você também irá conseguir.

"*Tire as sandálias de seus pés*", Deus irá te orientar,
esse lugar agora é santo, você deve respeitar

Foi a presença de Deus que o lugar santo tornou,
Moisés teve reverência e a voz de DEUS escutou.

Então Deus lhe dá um recado: *"Preste muita atenção,*
"Vá e liberte o meu povo, esta será sua missão".

E aquele cativeiro, prestes estava a acabar,
Deus havia escolhido um homem para o seu povo libertar.

Então Moisés se assusta, tem dúvidas em seu coração,
"Não posso ser esse homem, eu não tenho condição."

Moisés se acha incapaz, então tenta se esquivar,
Deus diz: *"Eu serei contigo, não precisa se preocupar".*

Mesmo assim, Moisés insiste: "Não sou bom para falar!
"Se eu for até o Faraó, ele vai querer me matar!".

Moisés muito teimoso que era, demorou para entender
que Deus estando com ele, não teria nada a temer.

Deus lhe mostra seu irmão, a quem iria procurar,
e indo ambos ao Faraó, protegidos iriam estar.

Seu irmão era Arão, sua boca falaria,
Deus falaria a Moisés, e Arão repetiria.

E diante do Faraó, Moisés deu o seu recado:
"Deves libertar o meu povo que se encontra escravizado".

O Faraó não acredita, e de Moisés ele escarnece,
do irmão de criação, agora ele se esquece.

Ele diz com arrogância: **"Como irás me convencer?"**
Moisés responde: "O EU SOU me enviou, você o irá conhecer!"

Moisés lançou seu cajado que em uma serpente se transformou,
todos ficaram admirados, mas o Faraó revidou.

Havia ali dois bruxos, para seus serviços ao Faraó prestar,
fizeram surgir então duas serpentes, a Moisés queriam desmoralizar.

Mas o poder do Deus vivo, não há quem o possa enfrentar,
e a serpente de Moisés, as outras duas irá matar.

Foi apenas o início dos sinais que Deus mandaria,
O Faraó tinha o coração duro, sendo assim não cederia.

Moisés e Arão se retiram e ao Senhor foram buscar,
percebem que não será fácil o seu povo libertar.

E o Faraó se recusa, ao povo não libertaria,
ele tinha a mão pesada e mais ainda pesaria.

Os hebreus eram maltratados: **"Mais ainda vou maltratar!"**
"Farão o dobro de tijolos! O chicote vai estalar!".

E as pragas logo começam, o Egito então sofreu,
O Faraó, intransigente, ainda assim não cedeu.

Moisés e Arão intercedem, e Deus mostra o seu poder,
nove pragas não convenceram o Faraó a ceder.

Rãs, gafanhotos e feridas, as mãos de Deus sobre os egípcios pesava,
escuridão, medo e dor, e o Faraó não acreditava.

Seu ódio por Moisés era grande, não podia se conformar,
vendo um hebreu apenas com um cajado a ele desafiar.

Então chegou o momento, o povo hebreu iria partir,
sangue nos umbrais das portas, o fogo iria consumir.

Seria a praga derradeira, o Anjo da morte vai passar,
e os primogênitos do Egito, esse Anjo irá matar.

Deus orienta a Moisés: **"um cordeiro imaculado",**
sacrifício necessário, e os hebreus serão poupados.

**E naquela noite escura, o Anjo da morte passou,
morrem os primogênitos egípcios, e em nenhum hebreu ele tocou.**

**A páscoa é instituída, "a Deus vou agradecer,
"Deus nos tirou da escravidão, livres poderemos viver".**

Então o Faraó, finalmente, com muita dor no coração,
permite a saída do povo em um momento de emoção.

Milhares pelo caminho, a nova terra iriam alcançar,
para a Canaã prometida, iriam então peregrinar.

Porém, o Faraó se revolta e os manda então perseguir,
seu filho amado havia morrido: **"Vou a todos destruir"**!

E os hebreus sendo alcançados, **"Mar Vermelho, é o fim!"**
mas Deus estava com eles, não terminaria assim.

Uma cortina de fogo, um escudo Deus mandava,
Moisés clama ao Senhor, Moisés então ali orava.

A resposta de Deus é simples: *"Vão em frente, continuem a marchar!"*
"Atravessem o Mar Vermelho, com vocês irei estar".

"O que você tem na mão?" **Deus um dia perguntou.**
Moisés olha seu cajado, e o cajado ele levantou.

Agora ele entendia o que Deus queria lhe dizer,
O Senhor iria na frente, não havia o que temer.

Então erguendo o cajado, o mar vermelho se abriu,
todos contemplam o poder de Deus, grande milagre se viu.

Moisés, o libertador, a voz de Deus escutou,
os hebreus atravessam o mar, nenhum deles se afogou.

E aquela cortina de fogo, que aos egípcios segurava,
se apagou de repente, e o exército avançava.

E a **fúria do Faraó**, a Moisés quer alcançar,
e entrando no mar vermelho, todos iriam se afogar.

Agora os hebreus estão livres, a vitória foi total,
inimigos destruídos, pagaram pelo seu mal.

Então Moisés agradece, entende a sua missão,
entende que o seu Deus sempre tem a solução.

Momento para refletir, o caminho longo seria,
e olhando para Canaã, Moisés não desistiria.

Era um povo obstinado, e duro de coração,
muitos iriam murmurar, começar a pedir pão.

E Deus dá o pão do céu, o maná, a provisão,
Daria um dia o pão da vida, então viria a salvação.

Para encurtar a história, amigo eu vou lhe dizer,
uma viagem de alguns meses, por quarenta anos iriam sofrer.

O pecado os atrasou, e Deus lhes deu uma lição,
não cometa o mesmo erro, não entre em murmuração.

Nós também éramos escravos, mas Jesus nos libertou,
deu seu sangue em uma cruz, e esse sangue nos lavou.

Lembrando a primeira Páscoa, aquele sangue nos umbrais,
com Jesus nós não morremos, em Cristo somos imortais.

Jesus nos orientou, da sua ceia participar,
cear em sua memória, e com ELE nos alegrar.

Este pão e este vinho, para os salvos então serão,
"examine-se, pois o homem a si mesmo", e obtenha o perdão.

O pão representa o corpo, o vinho o sangue que nos lavou,
os que não creram morreram, e os que creram Jesus salvou.

E um dia lá no céu, com Jesus iremos cear,
na Canaã celestial, com Deus iremos morar.

10. JOSUÉ/CALEBE/TERRA PROMETIDA/RAABE.

Os hebreus saem do Egito, ficam mais de quarenta anos a peregrinar, estão agora às portas de Canaã, mas nem todos irão entrar.

Havia muita murmuração, obstinado aquele povo era,
a viagem que não demoraria, acabou em longa espera.

Sob a liderança de Moisés, que bem velho já estava,
muitos ainda olhavam para o Egito, e o povo murmurava.

Moisés em certo momento, a paciência então perdeu,
feriu a ROCHA com ira, e a Deus entristeceu.

Dos que saíram do Egito com mais de vinte anos de idade,
somente **JOSUÉ e CALEBE,** herdariam aquela cidade.

Moisés fala a Josué, dando-lhe orientação,
e conta das dificuldades de lidar com essa nação.

Ele também o anima, o coloca no seu lugar,
Moisés então já sabia, que naquela terra não iria entrar.

Moisés vê Canaã, aquela terra contemplou,
porém lá não iria pisar, o Senhor o revelou.

Ele se prepara então, na montanha ficaria,
Moisés sai da vista do povo, ninguém mais a ele veria.

Josué decide então, o seu povo reunir,
vão entrar em Canaã, já é hora de partir.

O deserto acabou, nova vida irão levar,
mas por muitas dificuldades, ainda teriam que passar.

Eis a terra prometida, agora deve ser conquistada,
sob a liderança de Josué, empunhando uma espada.

Deus lhe orienta então: *"Avance, continue a marchar!*
"Esforça-te, tenha bom ânimo, essa terra irei te dar.

"Assim como fui com Moisés, com você também serei,
"Inimigos se levantarão, mas contigo eu estarei".

Josué acreditou, e com o povo prosseguiu,
cada passo era importante, para Canaã então partiu.

Uma terra "onde abundava leite e mel", Deus ao seu povo iria dar,
mas não seria nada fácil, eles teriam que lutar.

E já naquela nova terra, o maná então cessou,
alimentos eles passariam a ter, o deserto acabou.

Josué, um grande líder, com CALEBE a lhe ajudar,
muitas terras pela frente, eles teriam que conquistar.

Havia ali uma cidade, Jericó ela se chamava,
Grandes muralhas a cercavam, nela ninguém penetrava.

Estratégia do Senhor, Josué vai acatar,
Envia então dois espias, para a cidade investigar.

Jericó era uma fortaleza, impossível de se invadir,
mas para Deus nada é impossível, as muralhas iriam cair.

Idólatras eles eram, deuses estranhos eles adoravam,
e os espias naquela cidade, de ajuda então precisavam.

Havia ali uma prostituta, e com os espias se deparou,
e ao invés de os entregar, a eles ela abrigou.

E os dois homens lhe perguntaram: **"Por que vai nos ajudar?**
"Se você for descoberta, eles irão te matar".

Ela então dá a resposta, ela fala com o coração,
sabe que eles são de Deus, ela tem convicção.

"Ouvi sobre o mar Vermelho, da maravilha que aconteceu,
do livramento que tiveram, da vitória do povo hebreu."

Ela diz, ousadamente: **"De seu Deus já ouvi falar,**
"a Ele desejo conhecer, por isso vou lhes ajudar".

Essa mulher por muitos desprezada, tinha algo em seu coração,
ansiava pelo Deus verdadeiro, precisava do Seu perdão.

A prostituta que os ajudou, seu nome na história teria,
foi abençoada por Deus, **RAABE** se chamaria.

E eles prometeram a ela: **"Sua família irá se salvar,**
"Ponha um lenço vermelho em sua porta, Josué irá lhe poupar!".

Os espias se retiram, e RAABE ali ficou,
e apesar de estrangeira, ao Senhor Deus ela adorou.

E Josué planejava, "Como iremos invadir?"
Deus lhe orienta então, e Josué vai prosseguir.

E seguindo a orientação do Senhor, os hebreus ali aguardavam,
esperavam o momento exato, confiantes eles estavam.

**Por seis dias em volta da cidade marcharam, Jericó com medo ficou,
Israel em silêncio e com fé, em Deus Josué confiou.**

No sétimo dia então, sete vezes repetiram,
estava chegando o momento, a voz de Deus eles ouviram.

Josué daria o sinal, as trombetas iriam tocar,
e com o brado da nação, a muralha iria tombar.

Uma maravilha de Deus, na força de Seu poder,
pela fé que demonstraram, a nação de Israel vai vencer.

Jericó será então invadida, Josué prevaleceria,
essa foi mais uma batalha, que o povo de Deus venceria.

**RAABE e sua família, poupadas foram ali,
e ela teria a honra de ser a tataravó de Davi.**

Ela então reconheceu o Deus do líder Josué,
dobrou-se perante Ele, demonstrou a sua fé.

A vitória foi completa, Josué agradeceu,
Deus estava ali com ele, e a ele fortaleceu.

**A muralha era bem alta, impossível desabar,
mas de Deus bastou um sopro, para essa muralha tombar.**

Jericó foi então destruída, Deus a amaldiçoou,
ali nada mais cresceria, ali tudo se acabou.

Idólatras derrotados, Deus não pôde tolerar,
debochavam de Israel, por isso iriam pagar.

Deus havia prometido, e Josué não se esqueceu,
"Onde colocares a planta de teu pé, acredite, será teu!"

Josué continuaria, deveria caminhar,
existia ainda muita terra, muita terra a conquistar.

**Deus também nos promete hoje, um lindo lugar para morar,
onde existe muito "leite e mel", basta você acreditar.**

*A Canaã celestial, Deus a nós prometeria,
e por meio de Jesus, ELE nos presentearia.*

Jesus disse certa vez, e é para você acreditar:
"Na casa de meu Pai há muitas moradas", **e é para lá que ELE um dia irá nos levar.**

11. SANSÃO E DALILA.

**Homem forte ele era, na tribo de DÃ ele nasceu,
e o anjo disse aos seus pais:** *"Ele será um NAZIREU".*

Era um tempo de opressão, os filisteus então dominavam,
e a muitos de Israel, os inimigos maltratavam.

Israel não tinha um rei, o povo, do Senhor se afastou,
foram instituídos então Juízes, que a cada um ali julgou,

**E o filho de MANOÁ, seria a solução,
Juiz forte, obstinado,** *"o seu nome era Sansão".*

Longos cabelos ele tinha, e não poderia cortar,
perderia a sua força, Deus dele iria se afastar.

Não tocar em um cadáver, nem bebida forte beber,
mas Sansão a essas ordens, iria desobedecer.

**Um leão ele matou, com prostitutas ele bebeu,
brincava com o perigo, ao Senhor desobedeceu.**

Mas Deus seria com ele, não iria lhe abandonar,
sempre dando uma nova chance, se o seu cabelo ele não cortar.

Um propósito de Deus, na vida de Sansão haveria,
mas ele era um homem rebelde, com o pecado se envolvia.

Ele se casa com uma filisteia, brinca com adivinhação,
pela primeira vez é traído, sente ódio em seu coração.

Então matam sua esposa, muito irado ele ficou,
e com sua força descomunal, várias vidas ele tirou.

Sansão se vingou dos inimigos, a plantação dos filisteus destruiria,
ele seria implacável, e a muitos deles mataria.

Certa vez no arraial, uma queixada de jumento encontrou,
e mesmo cercado pelos filisteus, a mil homens ele matou.

Conhece então outra mulher, que toca seu coração,
ele se afasta do seu Deus, agindo pela emoção.

Confia no seu braço forte, a soberba se instalou,
e nas mãos dessa mulher, aquele juiz se colocou.

Linda! Formosa ela era, filisteia, mais um jugo desigual,
e na vida de Sansão, seria então a mulher fatal.

Paixão avassaladora, louco por ela ele ficou,
foi como se estivesse cego, de cabeça se jogou.

E os filisteus percebendo tal romance acontecer,
"Vamos encontrar um jeito, de Sansão nós podermos prender".

Uma mulher ambiciosa, **Dalila ela se chamaria,**
e por uma quantia em dinheiro, a Sansão ela entregaria.

Entorpecido pela paixão, ele irá nela acreditar,
e de tanto ela insistir, seu segredo vai revelar.

Então traiçoeiramente, enquanto Sansão dormia,
a lâmina entra em ação, ao seu cabelo cortaria.

Despertando de seu sono, ele não conseguia entender,
Sansão agora sem o Espírito Santo, os filisteus o irão prender.

Sua força física não tinha mais, indefeso ele ficaria,
e aquele que matou mil homens, derrotado agora seria.

Tem seus olhos arrancados, e agora irá perceber,
que sem Deus na sua vida, "deveras" irá sofrer.

Sem olhos para poder ver, é irônico pensar,
precisou perder a visão, para começar a enxergar.

Transforma-se em um escravo, motivo de riso seria,
mas ele clama ao seu Deus, e o Senhor mais uma vez o ouviria.

Aquele que matou mil homens, que as cordas arrebentava,
agora era humilhado, e no cárcere ele então chorava.

A visão de carne já não tinha, mas começava a enxergar,
e com a visão espiritual, de Deus iria se aproximar.

Clamava pelo perdão, e Deus a ele ouviria,
em tudo existe um propósito, algo tremendo aconteceria.

E na festa dos filisteus, a Sansão foram buscar,
queriam dele escarnecer, só queriam debochar.

Essa festa era no templo, milhares ali estariam,
todos rindo de Sansão, com ele se divertiriam.

Na figura de Sansão, do povo de Deus queriam debochar,
mas o Senhor não se deixa escarnecer, e a mão de Javé sobre os filisteus iria pesar.

Nesse templo filisteu, colunas no meio haveria,
e exatamente nessas colunas, Sansão se apoiaria.

Então sua força sentiu voltar, nas colunas ele se apoiou,
e na força de seu Deus, aquele templo ele derrubou.

Porém, antes ele orou, seu cabelo havia crescido,
sua força então voltou, Espírito restabelecido.

Sentiu o Espírito Santo, a resposta de Deus viria,
sabia que ia morrer, mas ao seu Senhor ele clamaria.

Entendeu que além da vida tinha algo de maior valor,
e essa convicção, aliviaria a sua dor.

Mais de três mil homens ali ele matou, Deus mudou a sua sorte,
bem mais do que matou em vida, Sansão mataria na sua morte.

Em sua última oração, Sansão consegue entender,
porque Deus havia permitido, tudo aquilo acontecer.

Ele sabia que havia falhado, mas clamando ali ele chora:
"Senhor só mais uma vez! Preciso do Senhor agora!"

Ele recebe então o Espírito de Deus, sua força retornou,
mata os inimigos ali, nenhum filisteu sobrou.

E da morte de Sansão, uma lição podemos tirar,
Deus nos fala ao coração, Jesus quer nos ensinar.

Sansão percebeu a tempo, ao seu Deus ele buscou,
reconheceu todo seu erro, e o Senhor o perdoou.

Irmão, não seja enganado, muitas armadilhas ainda virão,
nunca conte os seus segredos, não aja como Sansão.

**Deus está com você agora, desde que você seja fiel,
Devemos ser obedientes para um dia chegarmos ao céu.**

O Senhor tem um propósito, sua igreja somos nós,
porém temos que ficar firmes, pois existe um algoz.

Esse algoz quer nos matar, nossos segredos quer descobrir,
não se deixe ser enganado, a voz de Deus temos que ouvir.

Contra você, inimigos virão, vão querer lhe enganar,
buscar o seu ponto fraco, e então lhe aprisionar.

Quando a carne estiver latente, busque ao Senhor em oração,
Jesus então o ouvirá, e irá estender Sua mão.

**E a mensagem do Senhor, Ele vem agora nos falar:
"Cuidado com as 'DALILAS' que seus cabelos também querem cortar".**

12. RUTE E A CONVICÇÃO DE SUA FÉ.

Entre "Juízes" e "Samuel", uma linda história iria se passar,
falo de Noemi e sua nora, você vai se emocionar.

Existia um casal em Belém, da tribo de Efraim eles eram,
Havia fome naquele lugar, e por dias melhores eles esperam.

ELIMELEQUE e Noemi, dois filhos homens tinham então,
e vão aos campos de MOABE, em busca de água e pão.

Da fome resolvem fugir e decidem se arriscar
em busca de uma vida melhor vão então se aventurar.

Deixando Belém para trás, seus parentes ficariam,
Deus estaria com eles, então se despediriam.

Em MOABE eles se estabeleceram, nova vida vão começar,
mas o inesperado aconteceria, viúva Noemi iria ficar.

**Então os seus filhos se casam, e noras moabitas Noemi ganhou,
Orfa e Rute se chamavam. Nova família então se formou.**

Dez anos então se passaram e seus dois filhos viriam a falecer,
grande pranto no coração, Noemi muito iria sofrer.

Então viúva e amargurada, seus dois filhos teve que enterrar,
era uma dor muito grande, difícil de suportar.

Fica então com as duas noras, mas a elas despediria
"Voltem para seus parentes!", com muita dor no coração diria.

Decide voltar a Belém, sozinha ela pensou,
porém uma daquelas noras, a ela muito se apegou.

Orfa se entristece, chora com a sogra então,
se despede, vai embora, com muita dor no coração.

Parecia que o seu destino, seria sozinha ficar,
mas sem que ela esperasse, a outra nora iria lhe falar.

Rute vai a ela dizer, com toda convicção:
"Onde você estiver, estará também meu coração.

"Onde você for, contigo eu irei!
"Vou estar com você sempre, jamais te abandonarei!

"Com o Deus que você estiver, eu também quero estar,
"O Deus que você adora, eu também quero adorar.

"Seu povo será o meu povo, seu Senhor meu senhor será",
Noemi então se emociona, e com Rute partirá.

E elas voltam a Belém, que Rute não conhecia,
Mas o Deus de Noemi, com ela também estaria.

E chegando à sua terra, Noemi fica a pensar,
se valeria a pena viver, e talvez recomeçar.

Ela pensa em seu esposo, e nos filhos tão amados,
mas Deus recolhe aquelas lágrimas de seus olhos marejados.

Ela sente em seu coração uma esperança então brotar,
como se Deus a ela dissesse *"Filha, EU irei te ajudar!"*.

Rute percebia então, Noemi triste a chorar,
a sogra a ela abraçava, tentando a consolar.

Chegando então a Belém, velhos parentes encontraram,
também Rute é acolhida, e a Deus elas louvaram.

Rute amava sua sogra, não queria se apartar,
Pois sabia que o Deus de Noemi, também dela iria cuidar.

Noemi ainda sofria, seu próprio nome quis desprezar,
desejou se chamar Mara, mas Deus iria lhe mostrar.

Mara, nome de amargura, Noemi, encantadora seria,
Deus iria lhe mostrar em breve, com qual nome ela ficaria.

A cevada então crescia, a fome em Belém tinha acabado,
Rute então trabalharia, e teriam o seu bocado.

E havia um homem ali, valente e bondoso ele era,
conhecia Noemi, eram da mesma parentela,

Tinha posses, respeitado, homem sábio, perspicaz,
uma alta posição, o seu nome era BOÁZ.

Os dias foram passando, e Rute foi trabalhar,
rebuscaria as espigas, no pesado iria pegar.

Já no campo trabalhando, BOÁZ a observou,
se agradou com aquela moça, a ela ele ajudou.

Rute conta a Noemi, demonstra satisfação,
também gostou de BOÁZ, algo sentiu no coração.

Noemi percebe então, propósito de Deus ali havia,
vai falar com sua nora, a ela orientaria.

Nessa época em questão, o parente então remia,
se ele fosse o mais rico, ao mais pobre ajudaria.

E BOÁZ olha para Rute, começa a se preocupar,
orienta os empregados: "Não podem a ela maltratar!"

Certa noite BOÁZ dormia, entre os cereais descansava,
e Rute se aproximou, e aos seus pés ali se deitava.

Acordando pela manhã, a jovem ele avistou,
viu seu gesto de humildade, e então se apaixonou.

E ele então diz a ela, contigo desejo me casar,
mas há outro REMIDOR, que poderá questionar.

E o Deus de Abraão, a Boáz orientou,
Ele falou ao REMIDOR sobre Rute, e este se interessou.

Ali o parente mais próximo, prioridade então teria,
mas este poderia abrir mão, e o parente seguinte então remiria.

E o parente seguinte seria BOÁZ, ele teria que o convencer,
foi um momento de angústia, a sua amada ele poderia perder.

BOÁZ o informa então, "Com a sogra também ficaria",
e nesse momento, o REMIDOR desistiria.

BOÁZ sente grande paz, "REMIDOR agora eu serei,
"Acolherei a minha amada, com Rute me casarei!"

E os propósitos de Deus iriam se concretizar,
BOÁZ e a jovem Rute, logo iriam se casar.

Noemi olha para trás, a tristeza que passou,
sabe que Deus é com ela, nunca a desamparou.

Sempre há uma esperança, sempre há algo a se fazer,
nunca deseje a morte, sempre deseje viver.

**Nunca pense que acabou, na caverna não se esconda,
quando o Senhor te chamar, erga a cabeça e responda.**

Na história dessas duas mulheres, muitas lições podemos tirar,
sempre olhar para Jesus, e nunca desanimar.

BOÁZ e Rute se casam e a Noemi irão amparar,
Rute não a deixaria só, nunca iria lhe abandonar.

Ela havia prometido "Onde tu morrer eu morrerei!,
"Vou me casar com BOÁZ, mas não te desampararei!".

Noemi então se alegra, vendo a nora ser feliz,
"Irei carregar o meu neto, era tudo que eu sempre quis!".

Ela pôde então entender, que Deus nunca se afastou,
Ele sempre esteve com ela, nunca a abandonou.

**Rute dá à luz ao menino, OBEDE, um bebê lindo ele seria!
OBEDE seria avô do rei Davi, que o profeta Samuel ungiria.**

BOÁZ foi um REMIDOR, amou Rute e seu filho ela deu à luz,
Nós temos também um REMIDOR, e o seu nome é Jesus.

Linda história narramos aqui, que veio a nos comover,
Saiba, Deus muda seu cativeiro, se com Cristo você permanecer.

Jesus já nos declarou, Seu fardo leve seria,
Julgo suave Ele promete, e ELE nos remiria.

Hoje nós temos um dono, que de nós irá cuidar,
é o Leão da tribo de Judá, que para sempre irá nos amar.

13. ANA – MÃE DE SAMUEL.

Houve um tempo em Israel, que rei ainda não havia,
Juízes lideravam o povo, e em breve a um rei o profeta ungiria.

Os Patriarcas eram lembrados, um novo período se iniciava,
mais de mil e cem anos antes de Cristo, um grande profeta se apresentava.

Um nascimento milagroso, sua mãe estéril seria,
mas ela clama ao seu Deus, e com um filho **ELE** a abençoaria.

Quando ela ainda pedia, em SILÓ essa mulher clamava,
orava e gemia ao seu Deus, e o Sacerdote **ELI** a observava.

Eli faz um julgamento, acha que embriagada essa mulher estaria,
mas ela explica que com seu Deus falava, e perdão ele a ela pediria.

**E o Sacerdote diz à mulher: "Não sei pelo que você orou,
"mas saiba que a sua oração, o Senhor Deus hoje escutou".**

**Essa mulher tinha fé, no Deus de Israel ela acreditava,
desejava muito ter um filho, Ana ela se chamava.**

E Ana então faz um voto, ao seu futuro filho entregaria,
seria criado junto ao Sacerdote, Eli, do menino cuidaria.

Ela volta então à sua casa, e com seu marido se deitou,
e Deus concedeu a sua bênção, e Ana então engravidou.

ELCANA era o seu marido, e a essa mulher ele então amava,
ali Ana conceberia, sua madre, antes seca, ao menino então gerava.

Ela agradece ao seu Deus, o seu ventre então geraria,
e ali com um lindo menino, o Senhor a abençoaria.

**E esse menino nasceu, e ao Sacerdote Ana foi entregar,
uma criança escolhida por Deus, Samuel ele iria se chamar.**

E assim que o menino desmamou, Eli, dele cuidaria,
ensinando-lhe as coisas de Deus, e Samuel ali cresceria.

Ana teria outros filhos, seu marido ELCANA se alegrava,
mas ela não se esquecia de Samuel, e sempre a ele visitava.

E o Senhor reconheceu a fé que Ana demonstrou,
e mesmo longe de seu filho Samuel, Deus a toda sua família abençoou.

E aquele menino de Deus, por Eli estava sendo criado,
iria crescer em sabedoria, muito por Deus seria usado.

E certa noite em SILÓ, o jovem Samuel dormia,
e sem que ele esperasse, o Senhor o chamaria.

Mas Samuel não entendeu, pensou que Eli a ele chamou,
então foi até o Sacerdote, que a ele orientou.

Deus o chamaria três vezes, foi quando Eli percebeu,
Samuel volta para sua cama, e o recado de Deus então entendeu.

Samuel já havia sido consagrado, e Deus a ele confirmou,
seria o Profeta do Senhor, e muito Deus o abençoou.

Deus ainda o revelou, o que com Eli aconteceria,
e a toda sua descendência, pelo pecado sofreria.

Seus filhos OFNER e FINEIAS, em breve iriam morrer,
esse seria o castigo, por Deus estarem a desobedecer.

Como filhos de profeta que eram, responsabilidade imensa teriam,
eles então morreriam juntos, em pecado estariam.

Samuel conta a Eli tudo que Deus lhe revelou,
Eli muito se entristece, mas a vontade de Deus ele aceitou.

E Samuel se torna homem, tudo que Deus lhe revelou aconteceria,
se torna um grande profeta, e ao povo de Deus ele comandaria.

E o povo lhe pede um rei, e a Deus ele consultou,
Deus lhe orienta então, e um homem chamado Saul a ele mostrou.

**No primeiro rei de Israel, o óleo da unção Samuel iria derramar,
mas para falar desse rei, outra história teríamos que contar.**

**Samuel teria outra missão, mas ele ainda não sabia,
conheceria o melhor rei de Israel, e a esse jovem também ungiria.**

**Sempre orientado por Deus, certo dia ele foi chamado:
"*Vá até a casa de Jessé!* Lá encontrarás o meu servo amado.**

**"*Aquele será o novo rei, ao qual deverás ungir!*
"*Derrame o óleo sobre sua cabeça, e o trono de Israel ele irá assumir!*"**

**"*Saul me desagradou, a este deverás falar:*
"*Tenho tirado o trono de ti, você não soube a Deus honrar!*"**

E Samuel então falou, ao rei Saul ele diria,
Deus não se agrada mais de ti, não tem mais em ti alegria.

**E o trono de Saul foi tirado, a pitonisa ele procurou,
ele se afastou do Senhor, muito caro ele pagou.**

**Voltaremos a falar de Saul, de sua trajetória e a queda fatal,
foi o primeiro rei de Israel, porém seduzido pelo mal.**

E o profeta Samuel envelheceu, tendo cumprido a sua missão,
e aquele jovem que ele viria a ungir, daria a Deus o seu coração.

Homem segundo o coração de Deus, esse novo rei então seria,
o seu nome era **Davi**, e ao Senhor ele agradaria.

**Sobre o reinado de Davi, ainda iremos muito falar,
das batalhas que ele venceu, e dos momentos que viria a chorar.**

**Se um dia o Senhor lhe chamar, deves prestar bem atenção,
mais do que falar ao seu ouvido, Deus vai falar ao seu coração.**

**Procure dar a resposta certa, como Samuel um dia veio a dar,
Diga: "Eis-me aqui Senhor!" e Deus irá então lhe usar.**

Não se esqueça da fé de Ana, que mesmo estéril não desistiria,
com lágrimas ela se dirigiu a Deus, e o Senhor a ela responderia.

Busque a **Deus** com sinceridade, seja qual for sua petição,
Jesus vai ouvir você, entregue a **ELE** seu coração.

**Como Samuel, Jesus também foi profeta, como Davi, Jesus também rei seria,
ELE é nosso Sacerdote eterno, e para sempre conosco estaria.**

14. SAMUEL UNGE A SAUL.

Varão da tribo de Benjamin, homem muito forte seria,
Israel ainda não tinha um rei, e sobre esse povo ele reinaria.

Tinha uma vida simples, com seu pai ele morava,
mas o que Deus tinha para ele, ele não imaginava.

Porém ele não soube dar valor, muito mal ele acabou,
saiu da presença de Deus, um alto preço pagou.

E um dia um fato inusitado, em sua casa aconteceu,
seu pai perde suas jumentas, e isso o entristeceu.

Então o pai pede ao seu filho, para as jumentas ir procurar,
e ele saiu com essa missão, porém outra coisa iria encontrar.

Saul era o seu nome, e ele nunca sonharia,
o que Deus tinha para ele, e o que lhe aconteceria.

E no caminho com seu criado, aos animais estava a procurar,
e esse moço lhe aconselhava: "vamos com o profeta nos encontrar".

E Saul ouve aquele rapaz, embora aborrecido estivesse,
não queria magoar seu pai, seu coração se entristece.

Eles vão então ao profeta, o qual lhes ajudaria,
Saul só queria encontrar os animais, porém esse profeta o surpreenderia.

**E esse profeta do Senhor, a voz de Deus sempre escutava,
era um homem respeitado, Samuel ele se chamava.**

E Deus avisa o profeta: *"Um homem irá te procurar.
"Ele irá te pedir algo simples, mas coisas grandes tu irás falar".*

E nesse primeiro encontro, Samuel o tranquilizou,
"Fique em paz quanto às jumentas, seu pai já as encontrou.

"Você veio ao meu encontro, algo eu tenho a lhe falar,
"Foi Deus que o trouxe aqui, a Israel você irá liderar".

O povo pedia um rei, e Deus então concederia,
Samuel ungiu Saul com óleo, rei de Israel ele se tornaria.

Em um primeiro momento, Saul surpreso ficou,
Mas depois ficou muito honrado, e a coroa ele aceitou.

E os inimigos de Israel estavam sempre a desafiar,
eram eles os filisteus, que o povo de Deus tinha que enfrentar.

Mas agora Israel tinha um rei, e uma esperança então nasceu,
vão enfrentar o inimigo, irão lutar contra o povo filisteu.

E o tempo foi passando, Saul se fortalecia,
Samuel o orientava, e Israel prevalecia.

Muitas batalhas foram vencidas, enquanto com Deus Saul andou,
mas o rei iria vacilar, e o Senhor dele então se afastou.

E Saul se atormentava, perturbado ele ficaria,
Mas certo jovem tocaria uma harpa, e seu coração se acalmaria.

Samuel lhe falou certa vez: "Aos AMALEQUITAS deves matar.
"Mate a todos, inclusive animais, nada vivo deves deixar!".

Era uma ordem direta de Deus, e Saul desobedeceu,
e Deus se aborreceu com ele, Samuel o repreendeu.

Ele poupou os animais, o rei AGAGUE ele aprisionou,
cumpriu a ordem pela metade, e Deus a ele rejeitou.

Holocaustos e sacrifícios não podem a Deus agradar,
de quem pratica a rebelião, Deus irá se afastar.

Deus exige obediência, a idolatria Ele abominou,
Saul ali foi mentiroso, ele mesmo se condenou.

"Não tenho mais parte com ele!" Deus falou a Samuel,
"Irei levantar outro rei, para ir à frente de Israel".

Samuel repreende Saul, e ele tenta se desculpar,
não assume sua culpa, de Deus começa a se afastar.

Continua sendo rei, mas em trevas ele estaria,
com sua boca clamava a Deus, mas com seu coração mentiria.

Falta a Saul humildade, seu erro não quis reconhecer,
então pagaria muito caro, seu reinado iria perder.

Deus falou com Samuel, certo jovem ele teria que encontrar,
a este deveria ungir, Israel esse menino iria comandar.

**Seria um pastor de ovelhas, um menino, "uma criança",
e este seria aquele que iria trazer a esperança.**

E esse jovem seria o mesmo **que aquela harpa um dia tocava,**
som suave que vinha do céu, e ao ouvi-lo o rei Saul se acalmava.

E esse rapaz da tribo de Judá, Deus a Samuel apresentaria,
um jovem determinado e valente, **Davi ele se chamaria.**

**Havia um gigante entre os filisteus, e aos israelitas ele desafiou,
e foi justamente esse menino, que a esse gigante derrotou.**

E o rei Saul em decadência, cada vez mais se afundava,
a ausência de Deus o consumia, e ele cego se desesperava.

E o profeta Samuel então, já idoso veio a falecer,
e Saul perde a razão, o pior iria lhe acontecer.

Busca ao Senhor sem reverência, e o silêncio de Deus o atormentava,
anátema se tornaria, pelo caminho errado ele andava.

E no auge de sua loucura, uma bruxa ele procuraria,
se entregou ao inimigo, satanás o enganaria.

**Tentou falar com Samuel, a feiticeira o invocou,
surge apenas um demônio, que com o rei Saul ali falou.**

O demônio fala com Saul, lança em rosto a sua sorte,
estaria chegando o momento, o momento de sua morte.

Os mortos não se manifestam, a própria palavra nos ensinaria,
quem tal coisa praticasse, maldito se tornaria.

Mais um dia se passou, e aquele triste destino se cumpriu,
e lutando com um filisteu, esse inimigo a Saul feriu.

**Junto com seu filho ele agoniza, sem Deus ali ele estaria,
morre com sua própria espada, seu reinado acabaria.**

Saul fez a sua escolha, ao inimigo se entregou,
falo agora do inimigo da alma, que a sua vida ali tirou.

**Ali também estava Jonathan, grande amigo de Davi ele seria,
e nesse dia muito triste, ao lado de seu pai ele também morreria.**

E todos os que se afastam de Deus, a Sua voz deixam de ouvir,
é isso que o inimigo quer, para então ao homem destruir.

**Então Davi seria o rei, e erros também cometeria,
mas este teria humildade, com sinceridade a Deus sempre buscaria.**

**Não façamos como o rei Saul, que ao demônio escutou,
vamos olhar para Jesus, pois foi ELE quem nos libertou.**

15. A UNÇÃO DE DAVI.

**De sua casa ele era o menor, mas o Senhor o escolheu,
e o seu nome, na história, para sempre permaneceu.**

Homem perfeito ele não foi, muitas falhas cometeria,
eu e você também falhamos, todo e qualquer homem falharia.

Pastor de ovelhas ele era, e em Deus acreditava,
e o que Deus tinha para ele, ele nem imaginava.

Davi era o seu nome, ninguém nele acreditou,
desprezavam o menino, ninguém com ele se importou.

Havia ali um profeta, seu nome era Samuel,
ele ouve a voz de Deus, ele ouve a voz do céu.

"Vá à casa de Jessé", Deus lhe falou ao coração,
"Dali sairá um rei, um rei para essa nação".

Samuel obedeceu, a um rei ele iria ungir,
"Deve ser um homem forte, já é hora de partir".

Ao chegar naquela casa, com Jessé ele falou:
"Traga agora o seu filho, pois foi Deus quem me enviou".

E Jessé bastante honrado, a ELIABE foi buscar,
nem se lembrou dos mais novos, "O mais velho irá reinar!".

Até mesmo Samuel, na aparência então focou,
achou que fosse o mais velho, mas também se enganou.

Deus então alerta o profeta, para a aparência não olhar,
pois Deus olha o coração, é isso que irá importar.

ELIABE à sua frente, o óleo Samuel preparava,
Mas Deus lhe diz: *"Não será este!"* e Jessé se decepcionava.

"Traga seu segundo filho", o profeta então diria,
ABINADABE é trazido, e Deus também o rejeitaria.

Samuel então declara: "O Senhor irá me mostrar,
"Qual será destes seus filhos que o óleo na cabeça eu irei derramar".

Quando o segundo filho chegou, igualmente foi um "não",
"Não será ABINADABE, que terá a minha unção".

Um a um, eles vieram ao profeta, e a nenhum Deus confirmou,
restava ainda o caçula, e Jessé nem se lembrou.

Samuel manda buscar: "Por que ele não está aqui?
"Quero ele aqui agora, quero seu filho Davi!"

E Davi chega então, não consegue entender,
por que o chamaram ali, "O que iria acontecer?"

Com as ovelhas ele estava, com amor sempre a cuidar,
mas agora o óleo na sua cabeça, Samuel vai derramar.

E na frente dos irmãos, Davi ali foi honrado,
e quem antes o humilhava, agora o vê exaltado.

E sobre a sua cabeça, o óleo Samuel derrama,
e por todo o Israel, se espalharia a sua fama.

Entre erros e acertos, aquele jovem ali cresceria,
E "segundo o coração de Deus" ele então se tornaria.

**Ele entraria para a história como o maior rei de Israel,
estava somente começando, sob a orientação de Samuel,**

Começa então sua jornada, que muito longa seria,
e na presença do Senhor, ele sempre estaria.

"O Senhor é o meu pastor", disse com convicção,
não disse apenas com a boca, falou com o seu coração.

**"Nada me faltará, sirvo a um Deus provedor!
"Que sempre estará comigo, seja na alegria ou na dor!"**

Era somente o início de uma longa caminhada,
teria altos e baixos, em sua incrível jornada.

Mas uma coisa Davi sabia, **"No átrio do Senhor vou ficar.
"Sempre na Sua presença, do mal sei que Deus irá me livrar!".**

**De lanças vai escapar, espadas não o irão atingir,
gigantes ele vai enfrentar, nunca ele irá desistir.**

Deus lhe fala ao coração: *"Contigo sempre estarei,
"E da tua descendência, o Messias enviarei".*

Muitos Salmos ele escreveria, mensagens para nos deixar,
e quando ouvirmos a sua história, nossa fé vai aumentar.

**De um simples pastor de ovelhas, rei de Israel ele seria,
"Segundo o coração de Deus" o jovem Davi se tornaria.**

**"Jesus, filho de Davi, tem misericórdia de nós,
esteja sempre conosco, deixa-nos ouvir a Sua voz".**

16. DAVI ENFRENTA GOLIAS.

No arraial dos filisteus, um grande guerreiro ali havia,
e ele era tão grande, que o homem mais forte o temia.

Esse homem era valente, a Israel insultava,
blasfemava contra Deus, de contínuo debochava.

Mas havia um rapaz, a quem ninguém dava valor,
mas diante do gigante, ele não sentiu temor.

Um guerreiro de Israel deveria aquele gigante enfrentar,
o gigante filisteu, "Quem iria se arriscar?"

Com muitos guerreiros Israel contava, e ao comando de Saul estariam,
mas olhavam para aquele gigante, e a ele então temiam.

E esse jovem não vacilou, ele não podia aceitar
tais palavras do gigante, ao Deus de Israel afrontar.

O rapaz era valente, como nunca antes vi,
guardem bem esse nome: o seu nome era Davi.

Quando ele se dispôs ao gigante enfrentar,
admirados todos ficaram, não podiam acreditar.

Mas como ele insistiu, o rei Saul ali concordou,
Davi estava decidido, no seu Deus ele acreditou.

E a "armadura" do rei em Davi quiseram colocar,
mas ela era muito pesada, ele não a podia suportar.

Davi dispensa a armadura então, apenas com sua fé contaria,
e com muita determinação, ao gigante venceria.

Davi ali ora ao Senhor e pede orientação,
cinco pedras e uma funda, seriam a solução.

E no campo de batalha, a luta iria começar,
Davi enfrenta Golias, "Quem poderia imaginar?"

Golias com sua soberba, chama Davi de cão,
mas Davi não se abala, pois de Deus ele tinha a unção.

E o Senhor lhe dá a resposta, Davi diz em alta voz
como ele derrotaria seu inimigo, como derrotaria seu algoz?

**"Tu vens a mim com lança e espada e também com muito furor,
mas saiba, eu vou a ti com fé e em nome do Senhor!"**

E então a luta começa, e bem desigual parecia,
Davi se esquiva e escapa, a lança não o atingia.

Até que Davi arremessa, ele tinha que acertar,
então Deus deu a direção e Golias irá tombar.

E diante dos filisteus, seu guerreiro estava ali,
caído no arraial, derrotado por Davi.

**Com a espada do gigante, Davi a Golias matou,
com uma pedra usando a funda, ao gigante Davi derrubou.**

Ele corta a cabeça do gigante e a exibe para a multidão,
Davi vê Golias morto, alívio no coração.

Saul fica admirado, não consegue entender,
pois Davi havia feito o que ele deveria fazer.

Filisteus ali derrotados, Israel prevaleceu,
foi pelo Deus de Davi, foi pelo Deus de um hebreu.

Davi nos deu um exemplo, a nada devemos temer,
o gigante pode ser grande, mas com Jesus iremos prevalecer.

**A armadura do homem é pesada, mas é Deus quem irá nos armar,
veste-nos na medida certa para o inimigo enfrentar.**

Mesmo que você pareça fraco, mesmo que de você venham duvidar,
Deus estará com você agora, o Senhor vai lhe capacitar.

Será sempre uma questão de fé, como Davi sempre demonstrou,
o gigante era mesmo grande, mas Davi o derrotou.

Batalhas ainda viriam, muitas lutas Davi ainda teria que enfrentar,
mas sabia que em todas elas, com Deus poderia contar.

Vai reinar em Israel, perseguido ele vai ser,
tentarão tirar sua vida, mas ele irá prevalecer.

E depois de muito tempo, um outro inimigo Davi iria enfrentar,
o mais perigoso de todos, Deus o iria revelar.

**Descobriu esse inimigo, o Espírito o revelou,
bastou olhar para o espelho, e com esse inimigo se deparou.**

Esse inimigo é perigoso, com ele temos que aprender a lidar,
mas Deus vai lhe fortalecer, não precisa se preocupar.

É só prestar atenção, e aos apelos não ceder,
sabemos que é muito difícil, mas Jesus irá lhe fortalecer.

17. DAVI E BATE-SEBA.

"**Tu és este homem!**" Um dia Deus poderá lhe dizer,
Caberá a você ter humildade e seu erro então reconhecer.

O maior rei de Israel, ao Senhor ele sempre buscou,
mas houve um momento em sua vida, em que esse rei também falhou.

Estar onde não deveria estar... Olhar para o que não deveria ver,
acabou dando vazão à carne, e o perigo não conseguiu perceber.

Os olhos são a janela da alma, e certo dia para uma mulher ele olhou,
e a pior parte de sua vida, foi ali que começou.

Ao gigante ele teve que derrotar, da lança do rei Saul ele escapou,
mas descobriu seu pior algoz, quando para o espelho ele olhou.

Teria que enfrentar o próprio filho, que seu trono queria usurpar,
e seu chefe da guarda JOABE, a ABSALÃO iria matar.

Muitas tragédias em sua vida, esse rei de Israel enfrentaria,
Davi era o seu nome, e ao seu Deus ele então clamaria.

Quando para essa mulher ele olhou, somente a ela conseguia enxergar,
BATE-SEBA era o seu nome, de Deus ele começaria a se afastar.

Certo dia em seu palácio, do alto ele observava,
quando viu uma mulher, que em sua casa se banhava.

Homem formado ele já era, muitas esposas já teria,
mas aquela visão deslumbrante, Davi não resistiria.

Ele então a quis conhecer, manda seu servo a ela buscar,
usa seus atributos de rei, com essa mulher quer conversar.

Ela é trazida ao palácio, nos aposentos de Davi estaria,
e diante daquela mulher, o inevitável aconteceria.

Davi soube de antemão, não poderia com ela ficar,
tratava-se de uma mulher casada, que não poderia se separar.

BATE-SEBA era mulher de Urias, um dos melhores soldados este seria,
ele era fiel ao seu rei, pelo seu rei morreria.

Urias estava na batalha onde o rei Davi deveria também estar,
enfrentando os inimigos que estava acostumado a derrotar.

A essa batalha Davi não iria, e em Jerusalém ele ficou,
então uma luta particular, o rei Davi ali travou.

Uma luta de consciência, ali o rei enfrentaria,
mas o apelo da carne, a ele dominaria.

Sua mente é cauterizada, por essa mulher ele se apaixonou,
seus olhos não mais enxergavam, o pecado ali se instalou.

BATE-SEBA não fugiu, não podemos a ela julgar,
mas passiva ela ficou, e Davi com ela iria se deitar.

Uma crise de consciência, certamente ela deve ter tido,
se envolvendo com o rei, mas pensando em seu marido.

E pela permissão de Deus, grávida então ela ficaria,
e ela conta a Davi, e uma solução ele buscaria.

Urias chega à Jerusalém e a Davi vai se apresentar,
Davi o manda para sua mulher, para com ela ele poder se deitar.

Embora com muita saudade, Urias ali se recusou,
"Meus companheiros ainda estão na batalha!", de sua esposa não se aproximou.

E o pecado de Davi, como uma bola de neve crescia,
então ele escreve uma carta, e para JOABE esta carta mandaria.

E no campo de batalha, JOABE estava com o exército a lutar,
e aos inimigos filisteus, ali iria derrotar.

General de confiança, ao exército liderava,
homem forte de Davi, em JOABE Davi confiava.

Mas mesmo obtendo a vitória, muitos soldados iriam morrer,
eram baixas inevitáveis, bons guerreiros Israel iria perder.

E como Urias se recusou, com sua esposa ali ficar,
Davi o manda à batalha, a JOABE ele irá se apresentar.

O próprio Urias leva a carta, inocente sem saber,
seria sua sentença de morte, o fiel guerreiro iria morrer.

Na linha de frente ele é colocado, como Davi orientou,
e uma flecha do inimigo o seu peito atravessou.

Agora, com Urias morto, "tudo se resolveria",
BATE-SEBA está livre, e Davi com ela se casaria.

BATE-SEBA se torna sua esposa, a preferida vai se tornar,
MICAL fica furiosa, e a ela irá desprezar.

"MICAL, filha de Saul", e outras esposas Davi possuía,
mas BATE-SEBA era especial, a ela Davi amaria.

Sua barriga rapidamente cresceu, o rei Davi mais um filho ganhou,
imaginando ser o seu sucessor, mas o rei ali se enganou.

Tudo parecia bem, a consciência de Davi não pesava,
não tinha noção de tudo que havia feito, ausente de Deus ele estava.

O Senhor não tolera o pecado, Deus é amor, mas da justiça não abre mão.
Davi irá começar a perceber, Deus vai falar ao seu coração.

O profeta vai até Davi, orientado por Deus ele iria falar,
Natã será a boca de Deus para o seu servo então se consertar.

Natã conta uma história, sobre um homem muito poderoso ele começa a falar,
tendo esse homem muitas ovelhas, a única ovelha de seu servo ele iria sacrificar.

Davi fica indignado, **"Digno de morte tal homem seria!"**
o rei diz isso inconformado, e o profeta então lhe diria:

"Tu és esse homem!" Agora não podes negar,
"Abra seus olhos agora, você deve se consertar.

"Deus diz que **não morrerás**, mas um alto preço pagará,
"Muita contenda haverá em sua casa, e muito você sofrerá!"

E Davi percebeu então, com muita vergonha ficou,
passou a enxergar seu grande pecado, mas ao Senhor ele buscou.

O profeta abriu os seus olhos e fez Davi perceber,
a cegueira do pecado em sua vida o estava impedindo de ver.

Muitas vezes o cristão acomodado pode ficar,
e não percebe os grandes erros que está a praticar.

**Em sonolência espiritual, o rei Davi se encontrava,
preciso ouvir o profeta Natã, então ali ele despertava.**

Mais do que ali despertar, o rei Davi percebeu,
a gravidade do seu pecado, e então se arrependeu.

Então um novo reinício, da graça de Deus ele iria precisar,
humildade teria que ter, então o Senhor o iria perdoar.

Mas as consequências viriam, o bebê morreria,
seria apenas o início de tudo que Davi sofreria.

Traído pelo próprio filho, ABSALÃO o trono vai tentar usurpar,
a morte de mais esse filho amado, o rei Davi iria então chorar.

Com BATE-SEBA ele ficou, e a ela ele consolaria,
e com uma nova criança, Deus os abençoaria.

**Todo homem é pecador, digno nenhuma pessoa seria,
mas através da misericórdia de Deus, uma esperança o ser humano teria.**

**A postura de Davi, arrependimento, humildade e fé,
nossa única esperança, é Jesus de Nazaré.**

Ainda em seu longo percurso, o Senhor iria perguntar,
o manda fazer uma escolha, três opções vai lhe dar.

O rei havia contado seu povo, sua força desejava saber,
por um momento ele se esqueceu, que é Deus que o vai fortalecer.

Entre o maligno, o homem, e Deus, Davi vai ter que optar,
cairia na mão de um dos três, ele nem precisou pensar.

Ele fez a escolha certa, nas mãos de Deus o rei estaria,
Deus esteve sempre com Davi, Dele jamais desistiria.

O Senhor é misericordioso e a Davi iria perdoar,
e o rei sabia disso, jamais de Deus iria se afastar.

Davi ainda não conhecia a Jesus, mas o Senhor a ele se revelou,
*"**DISSE O SENHOR AO MEU SENHOR!**"*, Davi um dia profetizou.

Apesar de todo seu erro, e dos pecados gravíssimos que cometeu,
Davi se humilhou diante de **DEUS**, e o Senhor dele se compadeceu.

BETE-SEBA lhe dá outro filho, e **Salomão este se chamaria**,
e **esse** filho, verdadeiramente, o seu trono herdaria.

Deus o abençoa então, o seu pecado perdoou,
e de "**HOMEM SEGUNDO O CORAÇÃO DE DEUS!**", o Senhor então lhe chamou.

É uma história para meditar, que nos ensina "**O que NÃO fazer**",
temos que fugir do pecado, do contrário iremos morrer.

Falo da morte espiritual, morte que nos afasta do Senhor,
uma morte que nos torna cegos, na qual esquecemos do Seu amor.

**O rei Davi teve a chance de com o profeta Natã se encontrar,
nós temos o Espírito Santo que sempre irá nos orientar.**

**Certa vez, muito angustiado, o rei Davi estava escrevendo:
"Senhor não tires de mim Teu Espírito, pois tudo eu estaria perdendo!"**

**Citamos aqui o Salmo 51, no qual esse rei nos deixou
uma mensagem de alerta, que ao nosso coração chegou.**

"Então, resistireis ao diabo, e de vós ele fugirá
"Busque ao Senhor em todo tempo, e ELE te revestirá".

O apóstolo João em sua carta, há muito tempo nos orientou:
"**Filhinhos,** não devem pecar! **Mas um conselho eu lhes dou:**

"Tens um advogado junto ao pai, a ELE devem então clamar,
"E se mesmo assim vocês pecarem, a Jesus devem buscar."

Jesus veio para salvar, nova chance na cruz **ELE** nos ofereceu,
e por pior que tenham sido nossos pecados, o perdão **ELE** nos concedeu.

Desde que você se arrependa e tenha humildade para reconhecer,
não somos nada sem Jesus, somente **ELE** nos fará viver.

E da descendência de Davi, o Messias então viria,
para morrer em uma cruz, e a humanidade então ELE salvaria.

Todo aquele que acreditar, a vida eterna receberá
Jesus nos comprou com seu sangue, e conosco para sempre estará.

18. A SABEDORIA DO REI SALOMÃO.

Certa vez, Deus disse a um homem: *"Pedes o que quiser e EU te darei",*
Tal homem pensou e respondeu: **"Desejo sabedoria para ser um bom rei".**

Deus se agrada com o pedido, lhe dá riquezas e também poder,
além da sabedoria, muito mais esse homem iria ter.

Ele seria o homem mais sábio, outro igual não haveria,
nunca houve na história, homem com tal sabedoria.

Seu reino seria de paz, a Israel ele iria comandar,
ele seria um grande líder, mas do seu Deus acabaria por se afastar.

Ele se uniu a mulheres pagãs, a outros deuses adorou,
e mesmo sem se dar conta, do Senhor ele se afastou.

Seu reinado para a história, com certeza iria entrar,
seu nome no mundo inteiro todos iriam pronunciar.

Era filho de Davi, tinha um sábio coração,
resolvia as questões, seu nome era Salomão.

Certa vez, duas mulheres a uma criança disputavam,
ambas diziam ser a mãe, elas não se conformavam.

Foram levadas a Salomão, ele iria decidir,
friamente ele falou, a criança vou partir.

Muito sábio ele foi, uma das mulheres viu chorar,
"Dê a criança a esta, não precisa mais cortar!"

E Salomão descobriu de quem era a criança,
entregou-a para a mãe, renovou sua esperança.

E a mulher que então usurpava, envergonhada ali ficou,
descobriu que a Salomão, nunca ninguém enganou.

E a fama de Salomão, pelo mundo se espalhava,
parecia tudo bem, mas de Deus ele se afastava.

A rainha de SABAH, a Israel foi visitar,
ela queria ver o rei, de quem tanto ouviu falar.

Mil mulheres ele teve, uma dúvida no ar,
quem dera fosse uma só, uma só para ele amar.

O Templo de Deus ele construiu, e ao Senhor o consagrou,
e no final de sua vida, para Deus ele se voltou.

Era um Templo grandioso, ouro e prata se usaria,
mas pela mão do inimigo, um dia, esse Templo cairia.

<u>Na Arca do conserto Deus habitava, no Santo dos Santos, Deus ficou,</u>
<u>onde somente o sacerdote entrava, onde o poder de Deus se manifestou.</u>

Hoje esse Templo somos nós, em nós o Senhor veio habitar,
todo aquele que estiver em Cristo, neste, o Espírito Santo irá morar.

Salomão havia aprendido, o seu pai lhe ensinou,
"Eu também cometi erros, e Deus de mim se afastou".

Davi lhe ensinou a ter humildade, ensinou a se arrepender,
saber que dependemos de Deus, um Deus que irá nos reerguer.

Deus revelou a Davi: *"O seu filho irá pecar,*
"Mas voltará para mim, e EU o irei perdoar".

Não sou eu que estou dizendo, a palavra nos revelou,
antes de Salomão nascer, a Davi Deus já falou.

Salomão escreveu Provérbios, Eclesiastes nos deixaria,
conselhos vindos de Deus, o Espírito Santo o inspiraria.

"Há tempo para todas as coisas, nós devemos isso entender,
"colocar-nos nas mãos de Deus, e nunca deixar de agradecer".

E o nome de Salomão, na história então ficou,
inclusive o rei Jesus, o seu nome também citou.

"Olhem os lírios do campo, contemplem a sua beleza!
"Digo-lhes que nem Salomão se vestiu assim com toda sua realeza!".

Jesus também citou a Jonas, o profeta que a Deus desobedeceu,
três dias seriam o sinal, e o milagre então aconteceu.

E por falar no profeta Jonas, aquele que o grande peixe engoliria,
em seguida falaremos dele, e de como Deus o usaria.

Sabedoria e discernimento, devemos então buscar,
e assim como Deus deu a Salomão, ELE também deseja nos dar.

Podemos ter a sabedoria humana, nada de errado em obter,
mas busquem também a de Deus, o Senhor tem muito a dizer.

Podem chamá-lo de louco, mas não deves se importar,
Deus só lhe pede uma coisa: continue Nele a acreditar.

Somos loucos para os padrões do mundo, pois o mundo não conhece a cruz,
temos a maior sabedoria de todas, aquela que vem do rei Jesus.

Salomão adorou a Deus, construiu o Templo e a Ele ofereceu, depois acabou falhando, mas por fim se arrependeu.

Nossa trajetória pode ser difícil, nossa vida pode até oscilar, mas nunca podemos permitir que se desvie de Jesus nosso olhar.

19. JONAS, O PROFETA TEIMOSO.

Um profeta do Senhor, temperamento forte ele teria,
muito ligado ao seu povo, **Jonas** ele se chamaria.

De Israel fazia parte, quando Deus a ele falou,
deveria pregar a um outro povo, ele então se indignou.

Os assírios eram pagãos, contra Israel sempre a lutar,
e justamente a esse povo, Jonas deveria pregar.

Nínive seria a cidade, onde Deus ao profeta mandou,
Mas Jonas embarcou para TÁRSIS, caminho oposto ele tomou.

Então ele tentou fugir de Deus, não queria aos estrangeiros pregar,
mas pela sua rebeldia, Deus iria com ele tratar.

Já em alto-mar Jonas estava, e uma tempestade então começou,
e o profeta muito cansado, no porão do navio repousou.

Marinheiros ali aflitos, cada um deles ao seu deus clamava,
e o barco quase indo a pique, e a tempestade só aumentava.

E o capitão da embarcação, ao profeta Jonas encontrou,
dormindo ele estaria, e ele então se assustou.

Questionado ele foi, *"Sou hebreu!"*, responderia,
tinham que descobrir o culpado, ou o navio afundaria.

E tiraram a sorte então, não poderiam mais esperar,
e aquele que fosse culpado, para fora do barco iriam jogar.

E Jonas foi apontado, e então explicaria,
"Desobedeci ao meu Deus!", a culpa ele assumiria.

E todos naquele barco, ao Senhor pediram perdão,
mas jogar esse homem ao mar seria a única solução.

Então Jonas é lançado ao mar, tudo indicava que iria morrer,
mas Deus preparou um grande peixe, que ao profeta iria acolher.

**Jonas seria engolido, no ventre do peixe então ficaria,
foi um milagre do Senhor, e o profeta ali não morreria.**

Ficamos a imaginar, o que ali ele pensou,
foram três dias de angústia e ao Senhor ele clamou.

**Nas entranhas do grande peixe, Jonas ao seu Deus clamava,
do fundo de seu coração, ao Senhor ele buscava.**

**"Na minha angústia clamei a Deus, no ventre da morte permaneci!
"Deus falava ao meu coração, e a sua voz então ouvi!**

**"Quando o abismo me cercava, algas me enrolavam então!
"O Senhor ouviu a minha súplica, e a mim estendeu Sua mão!"**

E Deus falou àquele grande peixe, ao profeta iria libertar,
ele foi para perto da terra, e a Jonas iria vomitar.

E ainda na praia caído, as algas de seu corpo ele tirava,
então ouve a voz do Senhor, que mais uma vez lhe falava:

*"Vai àquela grande cidade, à Nínive tu irás falar,
que se convertam de seus maus caminhos, e EU os irei perdoar".*

Desta vez Jonas obedeceu, foi à Nínive onde deveria pregar,
e aquele povo deu a ele crédito, no Deus de Israel iriam acreditar.

O próprio rei se rendeu, em Jonas acreditaria,
se vestiu de panos de saco, todo o povo se humilharia.

O cativeiro foi mudado, Nínive se arrependeu,
Deus não mais a puniria, daquele povo se compadeceu.

E o profeta sai da cidade, com seu coração a ser tratado,
viu que sua pregação foi eficaz, mas ele estava angustiado.

Ele ainda não entendia porque para aquele povo Deus falou,
povo inimigo de Israel, **"Por que com eles o Senhor se preocupou?"**

Mas Deus com ele falaria, e a ele iria então mostrar,
"Deus também ama aos estrangeiros", Deus a todos deseja salvar.

Aos humildes de coração, a todo aquele que se arrepender,
o que reconhecer o seu erro, a salvação o Senhor irá conceder.

Seja o homem hebreu ou gentil, para Deus não irá importar,
importa hoje que o homem se humilhe, e em Jesus venha a acreditar.

Mas esse nosso profeta ainda não conseguia entender,
olhava para os ninivitas, e pedia a Deus para morrer.

**Não foi apenas Elias, que deprimido um dia ficou,
Jonas, além de Jeremias, também por isso passou.**

Sabemos que todo homem de Deus, que a morte por ventura desejar,
Deus lhe dará uma lição, e com este homem irá tratar.

Essa lição serve também pra nós, que podemos tropeçar,
mas quando o homem de Deus cair, Jesus pode a esse homem levantar.

E voltando ao nosso profeta, Jonas mais uma vez diria,
"Melhor morrer do que viver", mas Deus a ele então ensinaria.

Ao leste da cidade, uma cabana ele edificou,
observava a Nínive de longe, e ali ele esperou.

Muito cansado Jonas estava, na sombra da cabana ficaria,
e Deus fez crescer uma aboboreira que a ele do sol protegeria.

Ele se alegra com essa planta, então agora irá relaxar,
mas os bichos comem as folhas e o calor do sol irá lhe queimar.

Novamente se indignou, pela aboboreira ter ali secado,
e Deus com muita paciência, então lhe dá um recado:

"Com uma planta que nasceu, cresceu à noite e de dia secou,
"Com ela tu te preocupas, e com uma cidade inteira não te preocupou.

"Aquela cidade pereceria, muitos lá iriam morrer,
"Você não desejou salvá-los, não iria se compadecer.

"Porém com essa aboboreira, que você não fez brotar,
"Tu ficaste indignado, por essa planta secar.

"Cento e vinte mil pessoas, em Nínive habitariam,
"E pelas palavras que EU pus em sua boca, eles se arrependeriam!"

Deus mostrou para o profeta a importância da compaixão,
Deus estava transformando, de Jonas o coração.

Os ninivitas não conheciam o poderoso Deus de Israel,
mas ouviram Jonas falar, e então olharam para o céu.

A mão direita da esquerda, discernir não conseguiam,
mas quando Jonas falou a eles, ao Senhor se humilhariam.

Jonas foi usado por Deus, a uma cidade inteira ele falou,
e em vez de se alegrar, magoado ele ficou.

São inúmeras lições que dessa história podemos tirar,
se Deus nos mandar pregar em Nínive, não devemos nos recusar.

Não cabe a nenhum de nós julgar quais corações irão se render,
devemos ir e pregar o evangelho, e muitos que ouvirem irão se arrepender.

**Se tentarmos nos esconder de Deus, de forma alguma vai funcionar,
Deus está em toda parte, sempre irá nos encontrar.**

**Adão, inocentemente tentou, Jonas achou que iria conseguir,
mas o Senhor está vendo tudo, o homem não poderá de Deus fugir.**

**Obedeça à voz do Senhor, muitos precisam ouvir de Jesus,
muitos irão se converter, muitos se renderão diante da cruz.**

O próprio Jesus nos falou: *"Há muitas moradas à disposição"*,
e para habitar em uma delas, entregue a **ELE** seu coração.

Jonas era muito teimoso, mas depois conseguiu entender,
devemos amar ao nosso próximo, e ao nosso orgulho então vencer.

Seja alguém que ame você, ou alguém que venha a lhe odiar,
retribua o mal com o bem, você deve por todos orar.

Fale de Jesus para todos, pois muitos se converterão,
não cabe ao cristão questionar, essa é a sua missão.

A igreja de Cristo não é uma placa, tampouco uma denominação,
sua igreja são todos aqueles que O confessam em seu coração.

"Jesus nos levará com ELE, com certeza um dia ELE irá voltar,
"E aquele que for fiel até a morte, ELE irá arrebatar!".

São palavras de Jesus que muitos ainda ouvirão,
essa palavra é como uma flecha, vai entrar em nosso coração.

20. ELIAS, O PROFETA DE DEUS.

Havia em GILEADE (Palestina) um profeta, e a Israel o rei Acabe comandava,
rei cruel e distante de Deus, e esse profeta o alertava.

ACABE tinha o coração duro e ao profeta não quis escutar,
Deus lhe mandaria um recado, e esse profeta foi então lhe falar.

"A chuva cessará de cair, Deus mandou eu lhe dizer
"Nem orvalho haverá, a seca irá prevalecer".

Acabe não acreditou e ao profeta queria matar,
mas Deus era com aquele homem, daquele homem iria cuidar.

Grande profeta esse homem foi, muito Deus o usaria,
o seu nome era Elias e para a história de Israel ele entraria.

Deus então o orienta e para o oriente deverá partir,
corvos trariam seu alimento, Deus em tudo o iria suprir.

Foi ao ribeiro de QUERITE, perto do rio Jordão ficava,
a seca atingia a todos, mas de Elias Deus cuidava.

O momento pode ser ruim, tudo à sua volta pode faltar,
mas se confiar em Deus, de você Ele irá cuidar.

E algum tempo se passa, da água do ribeiro Elias bebia,
mas o Jordão também seca, e dali ele partiria.

Deus o manda a outro lugar, para SEREPTA ele vai então,
sempre confiando no Senhor, com fé em seu coração.

A fome assolava a terra, sofrimento, muita dor,
mas ainda haviam pessoas que praticavam o amor.

E Elias chega a Serepta, uma viúva ele encontrou,
e seguindo a orientação de Deus, a essa viúva ele então falou.

"Traga-me um pouco de água, e um bocado de pão para comer",
e a viúva se entristece, pois quase nada tinha para oferecer.

Ela responde ao homem de Deus, com muita dor no coração:
"Tenho uma porção de farinha e pouco azeite, será nossa última refeição.

"Eu ia preparar o pão pela última vez, para que eu e meu filho pudéssemos comer,
"Estamos sem nenhuma esperança, e depois disso iríamos então, morrer".

"Não temas!" disse Elias à mulher, **"Acalme teu coração.**
"Traga primeiro para mim e Deus te dará a provisão".

E aquela viúva entendeu, e a sua fé a animou,
ela alimentou primeiro ao profeta e Deus então a honrou.

A farinha na panela não acabava, o azeite na botija se multiplicou,
por muitos dias se alimentaram, ao profeta ela hospedou.

E depois de algum tempo, o filho da viúva adoeceu,
sua alma se ausentou, e o menino então morreu.

Muito triste sua mãe ficaria, a Elias ela culpou,
um momento de muita dor, e o profeta ao seu Deus clamou.

"Meu Deus, humildemente te peço, permita ao menino viver!
"Que sua alma retorne a ele, e que essa mãe assim possa crer!

"Que essa viúva então entenda, que somente tu és o Senhor!
"Faça o milagre, eu te peço, alivia essa dor!"

Então o grande poder de Deus ali se manifestou,
o menino volta à vida, o filho da viúva ressuscitou.

Com o menino em seus braços, para a mãe ele o entregaria,
e ela muito emocionada, a Elias falaria.

"Nisso conheço agora, não posso mais duvidar,
"Tu és um homem de Deus, só veio para me abençoar!

"Perdão eu te peço agora, perdoa-me por não perceber,
"Também peço perdão ao seu Deus, agora quero agradecer!

"Que o seu Deus seja o meu Deus, meu filho da morte retornou!"
Essa mãe se emociona, e ao Deus de Elias se entregou.

E mais uma etapa é cumprida, de partida Elias estaria,
deve ir até o rei Acabe, e outra batalha haveria.

Ele se despede da viúva, ao menino fez questão de abraçar,
abençoou aquela casa, agora irá se retirar.

Enquanto isso em Samaria, com a seca o povo sofria,
mas Elias estava a caminho, tudo logo acabaria.

Há muito tempo não chovia, o rei buscava uma solução,
ignora ao Deus de seus pais, e só piora a situação.

Acaba se sentindo impotente, muito tempo sem chover,
ele clama aos seus deuses pagãos, mas não consegue resolver.

E passaram-se três anos, e com Elias Deus falaria,
o manda ir ao rei Acabe, e ali aos profetas de BAAL enfrentaria.

A situação era difícil, todo Israel estaria sofrendo,
mas o milagre do Senhor, logo estaria acontecendo.

E o profeta vai ao rei, havia fome extrema em SAMARIA,
mas pela soberania de Deus, a chuva logo voltaria.

E diante do rei Acabe, Elias ali desafiou:
"Tragam todos os seus profetas", e Acabe o insultou.

"Perturbador de Israel!" o rei diz que Elias seria,
e com autoridade de Deus, o profeta se defenderia.

"Tu perturbas a esse povo, do Deus de Israel se afastou,
"pois o Deus de nossos pais, tu, oh, rei, deveras abandonou!"

Vão então ao monte Carmelo, onde a batalha se travaria,
no desafio de Elias, Deus com ele estaria.

Elias pede dois bezerros e os manda escolher,
cada um fará seu sacrifício, porém o fogo deverá acender.

Muitos profetas de BAAL, e de ASERÁ ali estão,
total de oitocentos e cinquenta, e eles teriam uma lição.

E os bezerros são partidos, Elias os manda começar,
a lenha é então colocada e eles começam a clamar.

O desafio seria esse, o fogo deveria acender,
o altar que a chama surgisse, este iria vencer.

E os profetas de BAAL aos seus deuses pagãos clamavam,
BAALINS e outras divindades, nesses deuses esperavam.

Eles se autoflagelavam, suas próprias peles cortariam,
esperando que seus deuses, a eles atenderiam.

E Elias então lhes falava: **"Seus deuses não vão chegar?**
"Não querem o holocausto? Até quando vão esperar?

"Talvez estejam dormindo, como pode isso acontecer?
"Clamem um pouco mais alto, quem sabe seu fogo não irá acender?"

Chegou então a vez de Elias, ele **prepara o seu altar**,
manda derramar muita água, e a lenha irá encharcar.

Separou antes doze pedras, das doze tribos Elias se lembrou,
organiza então o seu altar e ao seu Deus ali dedicou.

E ao Senhor ele clamou ali, ao único e verdadeiro Deus ele invocaria,
e naquele mesmo instante, toda a sua lenha se queimaria.

Os gravetos estavam molhados, Elias mesmo mandou molhar,
pois o povo deveria ver, o poder de Deus se manifestar.

E diante desse milagre, muitos com Elias ali ficaram,
e os profetas de BAAL, a todos ali eles mataram.

E naquele dia outro milagre ainda iria acontecer,
depois de mais de três anos, voltaria então a chover.

E Elias subiu ao cume, no monte Carmelo ele permanecia,
e uma nuvem na forma de mão humana, no horizonte então se formaria.

**Foi após a oração de Elias, que essa nuvem no horizonte se viu,
Deus estava dando a resposta, e para a cidade Elias partiu.**

Ele alerta o rei Acabe: *"Apressa-te, pois irá chover!".*
Mais uma vez o rei duvida, porém vai se surpreender.

Grande chuva caiu do céu, muitas águas o Senhor derramaria,
e então aquela terra seca, novamente vida teria.

E aquele povo idólatra que na cidade habitava,
acreditavam que BAAL toda a chuva controlava.

**Mas Acabe pôde ver que o Deus de Elias definiria
quando, onde e de que forma, a água do céu cairia.**

**Foi ali que Deus respondeu, e honrou quem era fiel,
mas ainda haveria um adversário, e seu nome era JEZABEL.**

Ela era mulher de Acabe, tinha muito ódio no coração,
e sabendo então do ocorrido, ela toma uma decisão.

**Mulher sagaz, dominadora, crueldades ela praticava,
versão feminina do mal, a BAAL ela adorava.**

Manda uma mensagem a Elias, ameaça a ele matar,
seus profetas tinham morrido, agora ela quer se vingar.

E Elias ali consternado, sabendo de sua intenção,
ele se sente então acuado, busca Deus em oração.

Então embaixo de um pé de zimbro, o profeta se abrigou,
e em um momento de angústia, a morte também desejou.

**Pede a Deus para levá-lo, não tem mais forças para lutar,
então Deus a ele anima, e o manda levantar.**

Dá a ele um pão cozido e água para beber,
"Você não irá parar agora, ainda há algo a fazer!".

Então Elias se levanta, no caminho vai se lançar,
vai até o monte HORÉBE, Deus tem mais a lhe falar.

**Esse monte é o mesmo Sinai, onde Deus a Moisés falou,
esse era o destino de Elias, então Deus o transportou.**

Uma conversa com Elias, o Senhor iria ter,
e em meio a tanta angústia, ele iria então entender.

E no monte HORÉBE chegando, em uma caverna se abrigou,
de novo se sente cansado, de novo a morte desejou.

Um encontro inesquecível com Deus nessa caverna ele teria,
Deus falaria com ele, e da caverna ele sairia.

**E um vento quebrava as penhas, e sua face contemplava,
mas Deus não estava no vento, Deus a ele observava.**

**Em seguida, um terremoto, Elias se assustou,
Deus não estava no terremoto, Deus a Elias observou.**

**E um grande fogo ele percebeu, um fogo que em seu coração ardia,
mas Deus não estava nesse fogo, Deus com ele permanecia.**

**Finalmente, uma voz mansa, uma voz suave ele ouviu,
Deus fala ao seu coração, e dessa caverna ele saiu.**

Amorosamente Deus lhe pergunta: *"O que fazes nesse lugar?"*
"Meu Senhor, estou cansado, e sem forças para lutar.

"Fiel a ti tenho sido, procuro ao Senhor obedecer,
"Zeloso com a tua obra, isso a cada amanhecer.

"Como profeta fiquei só, a todos os outros eles mataram,
"E aquelas pessoas obstinadas, a tua palavra rejeitaram.

"E os inimigos do Senhor, a minha vida querem tirar,
"Inclusive o rei de Israel, ao teu profeta quer matar".

E como um pai fala a um filho, o Senhor a Elias falou:
"Eu sempre estarei contigo!", a Elias ele consolou.

"Uma coisa muito importante, agora tu deves saber,
"em Israel sete mil almas, ainda estão a me obedecer.

"Saiba Elias, meu profeta, essas almas que estou a te mostrar,
"elas continuam no meu caminho, e a BAAL não irão se dobrar!

"Portanto, você não está sozinho, aquieta teu coração,
"saiba você que ainda muitas vidas, somente a mim se dobrarão!"

E Deus continuou falando, e Elias atento então ouviria,
e à medida que Deus lhe falava, o seu coração ardia.

Grande paz em seu coração, paz que nós sentimos agora,
eu e você entramos nessa história, e o nosso coração então chora.

É um choro de alegria, não apenas emoção,
certeza de que Deus é conosco, imensa satisfação.

Paz que o mundo não nos oferece, paz que somente Jesus pode nos dar,
paz que transcende o entendimento humano, mas só para quem acreditar.

E Deus ainda fala a Elias: *"Uma última missão Eu te darei:*
"tu deves ungir certas pessoas, pessoas que eu te mostrarei".

E uma delas seria o homem que a ele iria suceder,
um outro homem de Deus, que ele ainda iria conhecer.

Desse outro profeta de Deus, depois iremos também falar,
foi abençoado como Elias, Deus também o iria usar.

Este se chamaria Elizeu, e com Elias iria aprender,
teria a sua unção dobrada, e um dia de seus ossos sairiam poder.

Quanto a Acabe e JEZABEL, final trágico eles teriam,
suas bocas lambidas por cães, assim eles morreriam.

E no final Elias entendeu, que um trabalho só poderá terminar,
não quando você se achar cansado, mas sim quando Deus determinar.

E Elias acabaria, pelo Senhor sendo levado,
e na presença de Eliseu, esse homem foi transladado.

Foram carruagens de fogo que Eliseu presenciaria,
O Senhor levando Elias, que definitivamente com Deus agora estaria.

"Como Deus levou a Elias, Jesus um dia irá nos levar,
para estarmos sempre com ELE, e sua glória podermos contemplar".

21. NAAMÃ, "Aquela menina" e o PROFETA ELISEU.

General de uma poderosa Nação, homem temido e respeitado,
mas ele tinha uma enfermidade que o deixava incomodado.

O exército da Síria esse homem comandava,
braço direito do rei, **NAAMÃ ele se chamava.**

Lepra na carne ele tinha, uma cruz para carregar,
mas em uma pequena escrava, ele viu sua esperança brotar.

Uma menina de Israel, de SAMARIA foi retirada,
na casa de NAAMÃ ela vivia, e por Deus ela seria usada.

E essa menina intercedeu, com sua senhora falou,
não teve medo de intervir, no seu Deus ela confiou.

"Minha senhora quem dera, que o seu senhor então pudesse
"saber que em Israel há um profeta que cura a quem adoece!".

A esposa conta ao marido, e ele muito se interessou,
"Fale-me mais desse profeta", NAAMÃ se empolgou.

A menina fala a NAAMÃ, uma esperança ela lhe deu,
aponta para um certo homem que um dia ela conheceu.

Conhecia sua fama, ao Deus desse homem ela adorava,
era um profeta do Senhor, Eliseu ele se chamava.

Uma esperança latente, NAAMÃ ali sentia,
deseja então ir encontrá-lo, seu coração ali ardia.

Esse general então planejou, ao seu rei ele foi consultar,
"Devo ir a SAMARIA, tu deves me autorizar!"

BEN-HADADE autorizou, e uma carta escreveria
para o rei de Israel, e seu general partiria.

NAAMÃ juntou sua comitiva, prata e ouro ele levou,
a caminho de SAMARIA, NAAMÃ então viajou.

**E no caminho ele pensava naquela menina e sua convicção,
na fé que ela demonstrava, na pureza de seu coração.**

E em SAMARIA chegando, ao rei ele procurou,
entrega a carta de seu rei, e o rei JORÃO se indignou.

**"Por acaso serei eu deus? Para curar ou fazer viver?
"Quem foi que disse a você que seu problema eu posso resolver?"**

Distante de Deus o rei JORÃO estava, do profeta se esqueceu,
foi grosseiro com NAAMÃ, ignorou a Eliseu.

Mas Eliseu fica sabendo, e resolve interceder,
"Deixe, oh rei, ele vir a mim, eu o irei receber!"

NAAMÃ então vai ao profeta, em sua casa quer chegar,
Porém Eliseu manda seu criado com ele se encontrar.

Ele então fica frustrado, com o profeta não falou,
e era um recado estranho, NAAMÃ se indignou.

**"Vá até o rio Jordão agora, deve sete vezes mergulhar,
"E ao final de sete mergulhos, limpo você vai ficar!"**

E NAAMÃ foi arrogante: **"Por que no Jordão deve ser?
"Na SÍRIA existem outros rios, eu não vou obedecer!"**

Mas em sua comitiva, um homem prudente havia,
esse homem o aconselha, e NAAMÃ então cederia.

Nas sagradas escrituras, alguns anônimos iremos perceber,
eis aqui um bom exemplo, ao general ajudou a convencer.

**Muitos anônimos aparecem nas Escrituras em momentos de decisão,
não têm seus nomes citados, mas deram sua contribuição.**

**Lembremo-nos dos dois espias, a quem Josué usaria,
eles entram em Jericó, e RAABE os ajudaria.**

**O nome deles também não é citado, mas Deus para eles olhou,
papel fundamental eles tiveram, e o Senhor a eles honrou.**

E esse servo de NAAMÃ, com certeza por Deus foi usado,
convenceu um orgulhoso general de que ele poderia ser curado.

Nós ficamos a imaginar, como a mente de NAAMÃ ali ficou,
mistura de dúvida e esperança, mas mesmo assim no Jordão ele mergulhou.

E após sete mergulhos, do rio Jordão ele saiu,
então ficou muito feliz, com aquilo que ele viu.

**Sua pele ficou limpa, como a pele de um bebê seria,
já não havia mais a lepra, o milagre então acontecia.**

Tal alegria ele sentiu, mal podia se controlar,
há muitos anos ele sofria, tinha vontade de gritar!

Queria agradecer a Deus, a um Deus que não conhecia,
anseio no seu coração, sua mente se confundia.

Os soldados foram testemunhas, admirados também ficaram,
estavam presenciando um milagre de Deus, eles nunca imaginaram.

NAAMÃ foi então ao profeta, muito grato ele estava,
queria recompensá-lo, mas Eliseu recusava.

E o general insistiu, presentes queria lhe dar,
Mas Eliseu diz: **"Vá em paz! Nada precisa me pagar".**

Nessa hora, NAAMÃ, um pedido inusitado então faria,
um pouco da terra de Israel para a Síria ele levaria.

Pede a bênção de Eliseu: **"Por mim também deves orar**
"e no seu Deus daqui em diante, eu também irei acreditar!"

Eliseu lhe despede então, e a lepra já não mais existia,
o que buscou em Israel conseguiu, para a Síria, em paz, retornaria.

E Eliseu tinha um criado, GEASI ele se chamava,
a ganância o impeliu, recompensa ele buscava.

Foi atrás de NAAMÃ, e uma mentira ele inventou,
E o general generoso, a este presenteou.

Mas o Espírito de Deus, a Eliseu revelaria,
a mentira de GEASI, e o profeta triste ficaria.

Embora amasse seu servo, com ele se indignou,
e decretou sua sentença, **leproso GEASI ficou.**

A justiça de Deus se manifesta, de geração em geração,
GEASI que tinha a pele perfeita, ali recebeu a maldição.

O Senhor Deus também nos ama, mas justo **ELE** sempre será,
não tolera o pecado e a justiça aplicará.

**Hoje Jesus é nosso Advogado, mas um dia isso irá mudar,
e na condição de juiz, Ele então irá nos julgar.**

**Ainda há uma esperança, a lepra pode sumir,
olhe sempre para Jesus, então você poderá sorrir.**

**Não se esqueçam daquela menina, que de Eliseu um dia falou,
falou a um poderoso general, e esse homem acreditou.**

Deus usou uma criança, para o Seu poder manifestar,
curou a lepra daquele homem que ali teve que se humilhar.

**Se lavar era tão simples, o Jordão à disposição,
o orgulho às vezes atrapalha a tomada de decisão.**

A decisão foi acertada, ele não se arrependeu,
deveria apenas obedecer, e então ali ele entendeu.

Agradece ao seu criado que a ele aconselhou,
refletiu e decidiu, e então Deus o curou.

**Tudo que Deus mandar fazer, você não deve questionar,
ELE lhe dará a vitória, basta apenas acreditar.**

Aquela menina era escrava, mas nunca ela se esqueceu,
do Senhor de Israel, que um dia ela conheceu.

Não importa a posição social, a lepra poderá se manifestar,
e só haverá uma saída, "nas águas do Jordão mergulhar".

**Lepra que simboliza o pecado, pecado que o Senhor perdoou,
e foi lá na cruz do calvário, que nossa lepra Jesus curou.**

22. PROFETA ISAÍAS.

"Buscai ao Senhor enquanto se pode achar"
Foram palavras de um profeta de Deus, palavras para nos alertar.

Havia um profeta em Israel, e dele quero falar,
ele não se achava digno, mas mesmo assim Deus o iria usar.

"Tenho lábios impuros", esse homem declarava,
mas diante do Soberano Deus, ele então se deparava.

Então se dirige ao Senhor, reconhece o seu lugar,
sabe que não é perfeito, e continua a falar.

"Homens de impuros lábios, me cercam ao amanhecer,
"eu não sou digno, Senhor, não posso teu favor merecer!"

Mas ele ouve a voz de Deus, um propósito o Senhor teria,
Deus o irá purificar, uma missão ele teria.

E uma brasa viva vinda do trono de Deus, na sua língua iria tocar,
foi trazida por um anjo, agora o profeta Deus irá usar.

Uma brasa que purifica, a ação de Deus que o perdoou,
essa brasa além de tudo, a esse homem capacitou.

Ele teria uma missão, e Deus muito o usaria,
missão muito importante, o Messias ele anunciaria.

Isaías ele se chamava, como Profeta Messiânico conhecido ficou,
e durante toda sua vida, Deus a ele abençoou.

Na mão dos ímpios ele sofreu, mas não deixou de realizar
tudo que Deus tinha para ele, ele veio a completar.

Ao rei EZEQUIAS ele falou: *"Deus a tua oração recebeu,*
"seu cativeiro foi mudado, mais quinze anos o Senhor te concedeu".

Como o rei EZEQUIAS clamou a Deus, você também deve clamar,
peça a **ELE** em oração, sua força **ELE** irá renovar.

Deus dá vigor ao cansado, dá força a quem a perdeu,
O Senhor nos ouve com certeza, jamais desampara um filho seu.

Muitos jovens se fatigarão, outros outrora irão cair,
mas aos que confiam no Senhor, esses jamais irão desistir.

"Suas forças serão renovadas, como águias eles subirão,
será como se tivessem asas, e não se fatigarão.

"Vão correr com disposição, com destreza, e não irão se cansar,
mas somente para aqueles que ao Senhor em todo tempo buscar".

Foram diversas instruções, e ao povo Isaías falou,
mas mesmo vindo de Deus, a maioria não acreditou.

"Não gastes com o que não é pão", Isaías orientava,
Mas o povo obstinado, nele não acreditava.

Essas mesmas instruções, para nós também têm valor,
não faça como aquele povo, deem ouvidos à voz do Senhor.

A esse profeta Deus se manifesta, e a ele revelaria,
mostrar-lhe-ia o Messias, e como **ESSE** morreria.

Deus ao profeta mostraria, um momento chave da História,
ali em Jerusalém, manifestada a sua glória.

Javé lhe revela o instante, o Cordeiro sendo levantado,
mostra a ele então detalhes que alguém jamais teria imaginado.

Isaías vê a crucificação, e sobre ela escreveu,
era Deus falando diretamente, mas o povo judeu não entendeu.

Não entendem até hoje, mas no tempo de Deus entenderão,
e **quando caírem as escamas, para Jesus se voltarão.**

Infelizmente não serão todos, mas muitos irão se salvar,
muitos já acreditaram, e muito ainda irão acreditar.

"Quem deu crédito à nossa pregação?" Isaías perguntou,
escreveu em sua carta, e ao povo ele falou.

Um apelo à verdade é doído poder ver,
ver um povo que não quer ao Senhor obedecer.

"Como raiz na terra seca" Jesus foi anunciado,
Isaías ali mostrava seu coração angustiado.

Isaías escreveu, e nas escrituras ficariam,
suas palavras registradas, e até nós elas chegariam.

"Nem parecer, nem formosura, atenção ELE não iria chamar,
"mas ressuscitaria em glória, a muitos iria salvar.

"Nenhuma beleza NELE haveria para se querer ou desejar,
"esperavam um grande guerreiro, iriam se decepcionar.

"Totalmente desprezado, indigno entre os homens seria,
"aspecto de derrota, mas no final triunfante venceria!

"Não fizeram caso algum, uma derrota inevitável,
"mas no final um triunfo, um triunfo irrevogável!

"Sobre si levou as doenças, a lepra do pecado curou,
"pecado que nos levaria à morte, Jesus ali perdoou.

"Moído pelas nossas transgressões, pelas suas pisaduras fomos curados,
"da escravidão do pecado, todo aquele que acreditasse seria perdoado.

"Como ovelhas perdidas nós andávamos, desviados pelo caminho,
"Mas o Messias nos acolheu, e nos deu todo seu carinho.

"Calado como Cordeiro ficou, sua boca não abriria,
"Todo peso em suas costas, outra chance nos daria.

"Como ovelha no matadouro, parecia que era o fim,
"mas ELE se levantaria, ressuscitaria por você e por mim.

"Sacrifício necessário, o cordeiro que João Batista anunciou,
"o que Adão perdeu com o pecado, o Messias ali recuperou.

"Nunca houve engano em sua boca, na essência da verdade ele viveu,
"a verdade que é ELE próprio, na verdade ELE venceu".

Pouco antes de expirar, Jesus então ali diria,
"Está tudo consumado!" E a vontade do Pai então se faria.

A vitória pela morte, Jesus então declarou,
E nas mãos do Pai celeste, seu espírito entregou.

E José de ARIMATEIA, um túmulo novo cederia,
"Na sepultura de um homem rico, Jesus ali ficaria".

Mas por pouco tempo ficou, logo iria se levantar,
e como havia sido dito, Jesus veio a ressuscitar.

E o profeta Isaías a Jesus anunciou,
ele tentava passar ao povo tudo o que Deus lhe mostrou.

Ele escreveu em pergaminhos, palavras que do céu viriam,
e muitos anos depois, muitos acreditariam.

**E esse profeta então, do Emanuel ali falou,
anunciou as boas-novas, daquele que nos salvou.**

O próprio Jesus na Sinagoga, aos sacerdotes veio a ler,
"O dia já é chegado", mas não iriam entender.

Jesus leu o que Isaías sobre o Messias profetizou,
honrando a este profeta, que **do Cristo um dia falou.**

Na carta escrita aos hebreus, muitos heróis seriam citados,
homens que seriam mortos, que seriam martirizados.

**Homens dos quais esse mundo, certamente, digno não seria,
verdadeiros homens de Deus, mas o mundo os rejeitaria.**

**Profetas foram serrados ao meio, torturados, vindo então a morrer,
mas mantiveram seu propósito, de ao nosso Deus obedecer.**

**Adão foi alma vivente, e nas suas narinas Deus soprou,
Jesus é alma vivificante, fôlego eterno nos proporcionou.**

Clame ao Senhor todo o tempo, Ele irá lhe escutar.
Hoje não temos Isaías, mas o próprio Espírito Santo a nos orientar.

Jesus disse certa vez: ***"Tua vida o homem poderá tirar,
"mas nossa Alma é de Deus, ninguém jamais poderá nela tocar".***

23. EZEQUIAS, REI DE JUDÁ

EZEQUIAS, rei de JUDÁ, homem justo que ao Deus verdadeiro adorou,
retirou os altos e os ídolos, e com ele o povo para Deus se voltou.

**Rei de Judá, antes dele melhor não houve, tampouco depois haveria,
após a divisão das tribos, ninguém o superaria.**

Depois dos reis Davi e Salomão, Israel veio a se dividir,
Judá e Benjamim ficaram ao Sul, em Jerusalém iriam residir.

Ezequias foi rei de Judá, dessa tribo viria o salvador,
esse rei foi humilde e fiel, adorou o nosso Senhor.

Destruiu a **NEUSTÃ (serpente de bronze)**, que o povo estava a adorar,
derrubou estátuas de pedra que o povo insistia em idolatrar.

SENAQUERIBE, rei da Assíria, com uma carta o ameaçaria,
EZEQUIAS fica preocupado, mas ao seu Deus ele buscaria.

Ele temeu a SENAQUERIBE, que a ele ameaçou,
mas confiou no Senhor seu Deus, e com fé ele esperou.

Jerusalém foi cercada, o rei da Assíria avançava.
Esse rei perverso tinha um exército poderoso, e EZEQUIAS, então, orava.

**O Senhor a Ezequias respondeu, apenas um anjo Deus mandaria,
e a cento e oitenta e cinco mil homens, esse anjo mataria.**

SENAQUERIBE foge, envergonhado ele ficou,
voltou para sua terra, onde seu próprio filho o matou.

Certas batalhas não são nossas, Deus por você irá lutar,
apenas confie no Senhor, e a vitória **ELE** vai lhe dar.

Em outros momentos será você que terá que resolver,
então Deus o capacitará, e você irá vencer.

**Em ambas as situações, a resposta Deus lhe dará,
nunca você ficará sozinho, o Senhor sempre proverá.**

E EZEQUIAS entendeu, no seu Deus ele confiou,
e durante toda a sua vida, Deus a ele abençoou.

Certa vez um profeta de Deus, a EZEQUIAS viria falar:
"Ponha em ordem a tua casa, pois o Senhor irá te levar".

E ele então triste ficou, para a parede se viraria,
estando moribundo em seu leito, ao seu Deus ele clamaria.

EZEQUIAS clama ao Senhor: **"Em ti sempre acreditei!**
"Meu Deus olhe para mim agora, para sempre te adorarei!"

Deus ouviria sua oração, com fé ele ao Senhor buscou
Deus manda o profeta voltar, e o seu cativeiro então mudou.

O profeta era Isaías, profeta que nos falou de Jesus,
que nos diria em detalhes, como o Filho de Deus morreria na cruz.

Então Isaías lhe diz: "O Senhor de você se compadeceu,
"**Ele** viu a tua fé, e mais quinze anos te concedeu."

EZEQUIAS foi então honrado, ao seu Deus ele agradou,
ele clamou ao Senhor com **fé**, e Deus a ele escutou.

Ele teve em sua vida dignidade, verdade e temor,
teve ousadia para pedir, humildade para buscar ao Senhor.

Sinceridade nele Deus viu, sua vida na balança colocou,
"Esse homem sempre me serviu, e com seu coração me adorou!"

Não pelos seus méritos próprios, mas EZEQUIAS humilde sempre seria,
portanto Deus levou isso em conta, e a seu pedido atenderia.

Uma lição nós tiramos aqui, em obediência devemos viver
e Deus sempre irá nos ouvir, e dentro de um propósito irá nos atender.

Se em pecado você estiver, em vão irá adorar,
busque a Deus de coração limpo, e então o Senhor vai lhe escutar.

Não temas os "SENAQUERIBES da vida", nem tema se a morte se aproximar,
se você estiver com Jesus, não precisa se preocupar.

Legiões podem vir contra ti, mas você tem sempre um guardião,
mesmo que queiram tirar sua vida, Jesus irá estender-lhe a mão.

**Mesmo se a morte se apresentar, será no tempo de Deus que ela virá,
com mais quinze anos ou não, com Jesus você estará.**

Basta no **Senhor** confiar, como o rei EZEQUIAS confiou,
Deus irá cuidar de você, como do rei EZEQUIAS **ELE** cuidou.

**A fé que Ezequias demonstrou é muito rara em nossos dias,
mas nunca será tarde para buscar o braço poderoso de nosso Messias.**

**É fundamental estar com JESUS, de você ELE sempre irá cuidar.
E se o inimigo o afligir, por você O SENHOR todo tempo irá batalhar.**

24. DANIEL E NABUCODONOSOR.

"**Deus é meu juiz**" seu nome significava,
e ele ainda muito jovem exilado se tornava.

Quinhentos anos antes de Cristo, JUDÁ cativo se tornou,
e em meio a esse povo, um jovem talentoso se encontrou.

Rapaz inteligente e formoso, tinha muita sabedoria,
mas seria levado de sua terra, para a Babilônia então partiria.

E assim como José, seu nome na história ficou,
porém para a sua terra, jamais esse jovem voltou.

**<u>Um propósito do Senhor na vida dele se revelava,
homem de Deus abençoado, Daniel ele se chamava.</u>**

E o dom que tinha José, de aos sonhos interpretar,
Daniel também teria, e Deus grandemente o iria usar.

Havia um rei na Babilônia, poderoso e cruel,
sitiou Jerusalém, levou cativo a Daniel.

Daniel e mais três jovens, de Judá seriam levados,
iriam para a Babilônia, se tornariam exilados.

Esse rei era soberbo, muitas terras ele dominava,
levou muitos de Jerusalém, escravo o povo de Judá se tornava.

**O seu nome era imponente, um CAUDEU rude e cruel,
Nabucodonosor se chamava, e ele conheceria a Daniel.**

Quatro jovens talentosos, ao Deus de Abraão eles serviam,
e mesmo se tornando escravos, eles se destacariam.

E esse rei instruiu seus criados: "A esses jovens vamos usar,
"aproveitar os seus talentos, na Babilônia irão trabalhar.

"Deem a eles boa comida, precisam se alimentar,
"quero semblantes formosos, irão a mim se apresentar.

"Comerão nosso alimento, do melhor eles irão ter,
"terão a melhor ração, irão se desenvolver".

Essa ração era um manjar, mas Daniel então recusou,
preferiu comer legumes, e não se contaminou.

Bem longe de Jerusalém se encontravam, mas não iriam se abalar,
pois sabiam que o Senhor sempre com eles iria estar.

Um acordo com o despenseiro, só legumes eles comeriam,
portanto depois de dez dias, mais fortes ainda estariam.

Mesmo na condição de escravos, de Deus não se afastaram,
eles continuaram sempre fiéis e nunca desanimaram.

E mesmo comendo só legumes, seus semblantes melhorariam,
se apresentaram então ao rei, e um lugar de honra teriam.

E Daniel então prisioneiro, cativo em uma terra distante,
porém jovem iluminado que era, manteve ótimo o seu semblante.

E o rei Nabucodonosor em pouco tempo perceberia
o talento daqueles jovens, e a eles então honraria.

Assim o rei teve um sonho, que muito o perturbou,
apela aos sábios do seu reino, e ninguém o interpretou.

Magos e videntes lhe dizem: **"Conta-nos seu sonho, ó rei!"**
Nabucodonosor responde: **"Meu sonho eu não contarei!"**

O rei fica intransigente, seu sonho não quer contar,
ameaça os seus videntes, e a todos ele quer matar.

Ele a todos ameaçou: **"Meu sonho vocês terão que revelar",**
"e se eu não tiver a resposta, a todos irei matar!"

E Daniel ficou sabendo, e ao seu Deus ele orou,
foi à presença do rei, e o seu sonho então revelou.

Impressionado o rei ficou, viu Daniel seu sonho revelar,
não só contou o seu sonho, mas também veio a interpretar.

E era um sonho espantoso, Nabucodonosor não sabia,
falava de reinos futuros, e tudo o que aconteceria.

E o rei honra a Daniel, o torna governador,
será o homem de confiança de Nabucodonosor.

Qualquer semelhança com José, coincidência não seria,
como Deus a esse exaltou, a Daniel também exaltaria.

E alguns anos se passaram, Daniel vai se ausentar,
seus três amigos na Babilônia, uma luta iriam travar.

Eram três jovens de fé, eles tinham convicção,
estavam longe de casa, mas mantinham Deus em seu coração.

Uma batalha espiritual, o inimigo iria se levantar,
e a fé deles seria provada, mas a Deus iriam honrar.

SADRAQUE e MESAQUE tinham fé, **ABEDE-NEGO** também teria,
eles seriam desafiados, e o Senhor então agiria.

E o rei lançou um decreto, grande estátua foi levantada,
a idolatria era latente, essa estátua deveria ser adorada.

E se alguém se recusasse, a esse ídolo adorar,
seria lançado na fornalha, para ali então queimar.

E o povo, imediatamente, aquele ídolo adorou,
e ao toque dos instrumentos, o povo ali se prostrou.

**E alguns CAUDEUS acusaram, três judeus rebeldes estavam,
eles permaneceram de pé, a estátua não adoravam.**

Nabucodonosor ardeu em ira, não podia se conformar,
manda chamar os três jovens, vai a eles então indagar.

Rei arrogante, orgulhoso, um deus ele se achava,
se alguém ali não se prostrasse, ele não se conformava.

Aos três jovens ele fala, queria uma explicação.
Por que eles não se prostraram? Dura seria a punição.

**"De propósito me afrontam? Por que vão se recusar?
"Se não se prostrarem agora, na fornalha irão queimar."**

Mas a luz de Deus eles tinham, e respondem do coração:
"Saiba, oh rei, que o Deus que nós servimos dará a definição.

**"Não precisamos lhe responder, na fornalha pode nos jogar,
"E se for da vontade de Deus, ELE poderá nos livrar!**

"E se tivermos que morrer, então assim se fará,
"mas a sua estátua de ouro, nenhum de nós adorará!"

Furioso o rei ficou, sete vezes mais manda aquecer,
manda jogá-los na fornalha, os três deverão morrer.

Tão quente a fornalha ficou, os jovens foram ali jogados,
e os carrascos que os jogaram acabaram morrendo queimados.

Foi nesse momento então, que um milagre aconteceu,
Nabucodonosor viu, porém ele não entendeu.

E olhando dentro das chamas, via os jovens a caminhar,
com eles um ser divino, e nem um deles a se queimar.

Nabucodonosor declarou: **"Seu aspecto é assustador!**
"Semelhante ao filho dos deuses", e o rei ali sentiu temor.

Quem seria esse anjo? Talvez o Arcanjo Miguel,
só saberemos com certeza quando estivermos lá no céu.

Mas a presença de Deus ali, sem dúvida se manifestou,
os três saíram ilesos, nem um fio de cabelo se queimou.

E o rei diante desse fato, ao Deus de Israel adorou,
reconheceu o seu poder, e aos três jovens exaltou.

Mais algum tempo se passa, e outro sonho o rei teria,
e novamente Daniel, ao seu sonho interpretaria.

Sonhou com uma grande árvore, até o céu seus galhos chegavam,
muitos frutos e passarinhos, os animais nela se abrigavam.

Porém, um anjo desceu do céu, e o tronco dessa árvore ele cortava,
e havia uma debandada, quase nada ali ficava.

Só o tronco e sua raiz permaneceram, o restante se acabou,
o rei fica preocupado e Daniel seu sonho interpretou.

"**Sete tempos**" um mistério, Daniel então explicou,
a raiz não foi arrancada, uma esperança ali ficou.

E o sonho interpretado, o tempo então iria dizer
se as palavras de Daniel, iriam ou não acontecer.

Então, um certo dia, em seu palácio esse rei estava,
contemplava a Babilônia, sua soberba exercitava.

"**Tudo isso que vejo é meu, essa cidade sempre dominarei**
"**Eu sou o todo poderoso, para sempre eu serei.**"

Enquanto ele se exaltava, a resposta Deus lhe deu,
e naquele mesmo momento, o seu reino ele perdeu.

Em estado de loucura, desprezado ele ficou,
e durante sete anos, ninguém mais o respeitou.

Seria o final de seu reino, a soberba o destruiria,
porém viria a se arrepender, e o Senhor o perdoaria.

Se tornou um moribundo, o preço por sua soberba ele pagou,
mas depois de "sete tempos", o Senhor o perdoou.

Ele então ali percebeu que sem Deus nada seria,
nesse momento se humilhou e seu reino recuperaria.

E Nabucodonosor, então, uma lição ali aprendeu,
e ao Deus de Daniel, ele então se rendeu.

**Voltando ao primeiro sonho, não vamos nos confundir,
vamos falar dele agora, e depois iremos refletir.**

Quando o rei não queria contar, o Senhor a Daniel revelou,
magos e videntes iriam ser mortos, mas Daniel a todos salvou.

Revelou o sonho do rei e deu a interpretação,
ali Deus foi com Daniel, conhecia seu coração.

No sonho, Nabucodonosor uma grande estátua avistava,
era uma visão deslumbrante, ele não acreditava.

Gigantesca essa estátua era, cabeça de ouro teria,
braços e peito de prata, ventre de cobre seria.

De cobre também suas coxas, pernas de ferro serão,
os pés de ferro e de barro, misturados ali estão.

Pés de ferro e de barro mesclados, os detalhes ele percebeu,
e o sonho continuava, então algo aconteceu.

**Uma Rocha gigantesca a estátua destruiu,
e essa Rocha permanecia, tudo isso ele viu.**

Daniel fala ao rei, dá ali o seu parecer,
"Todos os reinos passariam", somente um reino iria permanecer.

**"A cabeça de ouro eras tu, braços e peito de prata depois virão.
"Outros reinos irão surgir, mas também acabarão.**

"E aquela perna de ferro que viste, reinado forte será,
"mas que esse reino não se iluda, ele também acabará.

"Os pés de ferro com barro mostram força e fraqueza,
"este também findará, cairá sua realeza."

A palavra de Deus hoje nos revela, mais do que Daniel, ao rei, revelou, nós sabemos que a grande Rocha é Cristo, foi ELE que a estátua esmiuçou.

A Rocha destruiu todos os reinos, todos os reinos iriam um dia acabar,
sabemos que somente o rei Jesus para sempre irá reinar.

25. DANIEL NA COVA DOS LEÕES.

Ele já era um velho profeta, Babilônia então era o seu lar,
Daniel era o seu nome, e ao Senhor Deus sempre estava a adorar.

Ele orava três vezes ao dia, para Jerusalém se voltava,
bem longe de sua terra natal, mas de seu Deus nunca se afastava.

Nessa terra estava estabelecido, ao rei Dario então servia,
Nabucodonosor já era morto e Daniel prosseguia.

Era agora um novo reino, os braços de prata haviam chegado,
Babilônia invadida, a cabeça de ouro havia acabado.

Como ao rei anterior servira, ao novo rei também conquistou,
manteve sua posição, e este novo rei o respeitou.

Daniel era influente, a luz de Deus nele brilhava,
e ali no meio dos CAUDEUS sua missão continuava.

De todos os príncipes e governadores, o maior Daniel seria,
Somente abaixo do rei Dario, Daniel ali estaria.

A posição de Daniel a muitos príncipes incomodava,
muita inveja, muita ira, e contra ele ali se conspirava.

Queriam achar algo errado em Daniel, um motivo para lhe acusar,
mas Daniel era um homem íntegro, nenhum erro seu conseguiam encontrar.

O inimigo é astuto e, então, ali planejou,
vamos usar sua própria arma, e um decreto se lançou.

E alguns príncipes da Pérsia começaram a planejar,
"Daniel ora todos os dias!", e nisso iremos focar.

O decreto ali dizia, por trinta dias então,
"Orar somente ao nosso rei", ou terão a punição.

O decreto é selado, do rei eles usam o anel,
E Dario ali não percebe que eles queriam matar Daniel.

A punição seria a morte para quem a qualquer outro deus adorar,
mas Daniel sem temor algum **continuou ao Senhor buscar**.

E esses príncipes então, a Daniel acusariam,
eles viram ele orando, e ao rei o delatariam.

Dario fica arrasado, não quer ver Daniel morrer,
mas o decreto era irrevogável, não haveria o que fazer.

A punição era terrível, Daniel ali foi levado,
e na cova dos leões, deveria ser jogado.

E o rei Dario então lhe diz, sem poder acreditar,
"O Deus a quem você serve, quem sabe poderá te salvar".

Daniel é jogado na cova, parecia que era o fim,
muitos leões ali com fome, mas não terminaria assim.

E aquela noite se passa, o rei está preocupado,
ele gostava de Daniel, fica muito angustiado.

E logo pela manhã, na cova Dário resolve ir,
ele chama por Daniel, na esperança de uma resposta ouvir.

"Daniel, servo do Deus vivo! Teria teu Deus te livrado?"
Perguntou ali o rei Dario, com o coração contristado.

Os leões estavam famintos, ninguém sobreviveria,
mas o Deus de Daniel, ao rei surpreenderia.

O rei novamente perguntaria, a Daniel de novo chamou,
Dario em seu coração, no Deus de Daniel acreditou.

"Teria o teu Deus, Daniel, ao qual tu tens adorado,
"Da boca dos leões famintos, teria Ele te salvado?"

E lá de dentro da cova, uma voz o rei ouviu,
Era a voz de Daniel, e o rei então sorriu.

"Vive para sempre, oh rei! O meu Senhor me livrou!
"Não sofri nenhum só dano, a boca dos leões *ELE* fechou!"

E naquela noite inesquecível, vários anjos ali chegaram,
eles ficaram com Daniel, e a boca dos leões fecharam.

E Daniel sai daquela cova, mais uma vez Deus a ele honrou,
e o rei Dario se convence, ao Deus de Daniel ele adorou.

E o rei então manda buscar aqueles que a Daniel acusaram,
eles foram jogados na cova, e os leões os devoraram.

Novo decreto ali foi lançado, Dario determinaria,
agora ao Deus de Daniel, todo o povo adoraria.

Daniel foi sempre fiel, e o nosso Deus a ele honrou,
esteve sempre com ele, sempre dele Deus cuidou.

Mesmo longe de sua terra, aos manjares disse não,
ele não se contaminou, e nos dá aqui uma lição.

Jovenzinho foi levado, de sua terra o tirariam,
porém ele e seus amigos, fiéis a Deus permaneceriam.

Desse homem vale a pena, esse bom exemplo seguir,
confiar sempre no Nosso Senhor, e nunca jamais desistir.

**Para Jerusalém não voltou, mas no fundo ele sabia,
que na Jerusalém celestial, um dia para sempre ele estaria.**

26. NEEMIAS e a reconstrução dos muros de Jerusalém.

Um homem que confiava em Deus e ao Senhor sempre honrou,
"Jeová consola" seu nome significava, NEEMIAS ele se chamou.

Vivia no palácio do rei, em SUSÃ ele habitava,
porém se lembrava de Jerusalém, a cidade que antes morava.

Copeiro do rei da PÉRSIA ele era, ARTAXERXES nele confiou,
seu cargo era cobiçado, a simpatia do rei conquistou.

Uma vida boa ele levava, mas alguém de seu povo veio lhe falar,
Jerusalém estava assolada, NEEMIAS muito triste iria ficar.

Poderia ter ignorado, mas seu coração não pôde deixar de sentir,
o seu povo estava sofrendo, como então ele poderia sorrir?

Assim esse homem jejuou, ao seu Deus iria então clamar,
tinha que fazer alguma coisa, e o Senhor o iria orientar.

Certo dia, diante do rei, seu semblante caído estava,
e o rei que bem o conhecia, a NEEMIAS então perguntava:

"O que há contigo, meu servo? Podes agora me falar?
"Não quero ver meu copeiro triste! Estou pronto a te escutar!"

Um copeiro com semblante ruim, estar diante do rei não poderia,
deveria estar sempre alegre ou então esse morreria.

Porém, NEEMIAS desse bondoso rei, a confiança conquistou,
ele orou antes de responder, e ARTAXERXES a ele escutou.

Ele falou sobre sua terra, que seu povo estava a sofrer,
e o rei então lhe ouviria, dele iria se compadecer.

Teria que ir a Jerusalém, ao seu povo ajudar,
deveria refazer os muros, a cidade reedificar.

E o rei o libera então, ainda uma comitiva lhe daria,
cartas que lhe abririam os caminhos, e NEEMIAS então partiria.

E um dia para SUSÃ, NEEMIAS iria voltar,
mas agora tinha uma missão, para Jerusalém Deus o iria levar.

E chegando em Jerusalém, muito trabalho encontraria.
Dessa forma, ele reúne o povo, e aquela grande obra começaria.

Os muros estavam destruídos, NEEMIAS teria que lutar,
ali haveria oposição, o inimigo iria se levantar.

Sempre que um homem se dispuser, algo para Deus construir,
o inimigo sempre se levantará, e irá tentar impedir.

SAMBALATE e Tobias eram maus, a NEEMIAS eles odiavam,
e juntamente com GESEN, contra o homem de Deus conspiravam.

Armadilhas eles prepararam, mas o Senhor a NEEMIAS revelou,
Deus com ele sempre estaria, e de seus inimigos o Senhor o livrou.

A obra teria que ser feita, NEEMIAS não se intimidaria,
e na força de seu Deus, nenhuma brecha nesse muro ele deixaria.

Inimigos envergonhados, a obra de Deus se completou,
NEEMIAS reúne então o povo, e ao Senhor ele adorou.

Seria uma nova fase, o povo judeu iria recomeçar,
uma nova Jerusalém, um novo caminho a trilhar.

Façamos hoje a obra de Deus, também não iremos nos intimidar.
O Senhor estará sempre ao nosso lado, o inimigo não irá nos tocar.

27. A RAINHA ESTER.

Na cidade de SUSÃ, um rei chamado ASSUÊRO reinava,
e uma família judia ali entre os persas, fiel ao seu Deus, também habitava.

Era uma família na qual um homem de sua jovem prima estaria a cuidar,
e devido a uma série de acontecimentos, as suas vidas iriam mudar.

Jerusalém destruída tentava se reerguer.
Foi um período nebuloso, Judá muito iria sofrer.

Esse rei tinha uma rainha, VASTI ela se chamava.
Riquezas, fama e poder, esse casal ostentava.

Esse rei promove uma festa, sua esposa ele manda chamar,
ela se recusa a comparecer, e o casamento iria acabar.

ASSUÊRO ficou furioso, aos seus conselheiros consultou,
a rainha perde seu posto, do palácio o rei a expulsou.

Paralelo a esses fatos, em SUSÃ também habitava,
o povo judeu antes cativo, pela PÉRSIA se espalhava.

Na cidade havia um homem, influente e judeu,
adotou a sua prima, ele se chamava MARDOQUEU.

Ela era uma jovem formosa, inteligente e seu rosto brilhava.
Havia perdido os seus pais, então MARDOQUEU a criava.

HADASSA era o seu nome, ao seu Deus estava a adorar,
ela sabia que esse Deus, deles sempre iria cuidar.

E o rei ASSUÊRO no seu palácio, um novo decreto então lançou.
Moças virgens da cidade, ele assim selecionou.

MARDOQUEU não teve escolha, HADASSA foram buscar,
a sua prima querida, no palácio então iria morar.

HADASSA tinha outro nome, o seu tio havia lhe dado,
Ester ela se chamaria, e seu nome seria honrado.

Jovens lindas no palácio, os eunucos estavam a cuidar,
todas iriam ver o rei, mas somente uma iria ficar.

ASSUÊRO conhece **Ester**, encantado ele ficou,
mal olhou para as demais, por Ester se apaixonou.

Deus estava no controle, um propósito nessa união havia,
Ester se torna rainha, e mais tarde entenderia.

MARDOQUEU continuava com a sua prima a falar,
ele ia ao palácio para com ela conversar.

E em uma dessas visitas, uma conspiração descobriu,
dois eunucos planejavam, e MARDOQUEU ali ouviu.

Insatisfeitos com o rei, os seus servos ali estavam,
queriam tirar sua vida, e ali eles planejavam.

MARDOQUEU conta a Ester, e ela ao rei vai alertar,
o rei então investiga, e aos dois traidores irá enforcar.

ASSUÊRO fez questão, esse fato ele registrou,
livro de crônicas dos reis, o nome de MARDOQUEU anotou.

E alguns anos depois, um príncipe foi exaltado,
ganhou a simpatia do rei, HAMÃ ele era chamado.

Era um homem orgulhoso, no palácio iria estar,
e todos perante ele deveriam se curvar.

E ao sair pela cidade por MARDOQUEU ele passou,
todos ali se prostravam, mas MARDOQUEU não se prostrou.

HAMÃ ficou furioso: **"Quem é esse MARDOQUEU?"**
E veio então a descobrir que esse homem era um judeu.

Seu ódio assim aumentou: "Agora vou me vingar!,
"Vou destruir os judeus, nenhum sequer irá sobrar".

HAMÃ planeja então, com astúcia e maldade,
"morrerão todos os judeus!", mostra grande crueldade.

Um decreto elaborou, ao rei irá manipular,
um carimbo, o selo do rei, não se poderá revogar.

**MARDOQUEU se mantinha fiel, somente ao seu Senhor adorou,
não se prostrou perante HAMÃ, só para o seu Deus se ajoelhou.**

O decreto é lançado, uma data é marcada,
todo o judeu em todo lugar morreria ao fio da espada.

MARDOQUEU ficou bem triste, com Ester ele falou,
ela orienta seu tutor, e todo povo então jejuou.

Agora Ester deve entrar ao rei, vai precisar se arriscar,
falar sem a sua permissão, poderia o rei lhe matar.

Entrando sem ser chamada, só uma chance haveria,
ASSUÊRO estender o seu cetro, e a ela então ouviria.

Mesmo sendo ela a rainha, não poderia ao rei entrar,
pois para falar com o rei, somente se ele a chamar.

O jejum estava proposto, por três dias ela não comeria,
então entraria na presença do rei, e a ele clamaria.

No momento decisivo, ASSUÊRO é complacente,
aceita a presença de Ester, sua fala ele consente.

Estende seu cetro então, metade do reino oferece,
"Pede agora o que tu quiseres!", ASSUÊRO se compadece.

Ester e o povo judeu, todos ali jejuaram,
mantiveram a fé no Senhor, em Deus todos confiaram.

Ester, assim, pede ao rei um tempo para lhe falar,
Era algo muito importante, ela preferiu aguardar.

E HAMÃ enquanto isso, mais maldades preparava,
quer matar a MARDOQUEU, ele não se conformava.

Uma forca ele construiu para a MARDOQUEU pendurar,
dizia em seu coração: "Esse homem vou enforcar!".

E em todas as cidades, os judeus se viam angustiados,
estava chegando aquele dia, em que seriam eliminados.

Ester vai ao rei novamente, fala com fé e convicção
e ele ouve a sua amada, ela acalma seu coração.

Deus lhe dá as palavras certas, o rei vai se convencer,
não pode revogar o decreto, mas dá o seu parecer.

Outro decreto é lançado, esperança ao povo judeu o rei ali vai dar,
quando chegar aquele fatídico dia, os judeus poderão então lutar.

Ester ali entendeu, um propósito de Deus haveria,
ela seria o instrumento, nessa hora de agonia.

E aquela forca é preparada, para a MARDOQUEU enforcar,
mas Deus nessa hora agiria, algo ali iria mudar.

Naquela noite o rei ASSUÊRO estava insone, dormir não conseguia,
pediu então aquele livro com o qual Deus lhe mostraria.

Seria o livro de crônicas, onde anotado ali estava,
quando quiseram um dia matá-lo, e um certo homem o livrava.

O rei percebe então, uma dívida haveria,
"Aquele homem que me salvou, agora eu o recompensaria".

E o rei chama HAMÃ e lhe pede uma sugestão:
"Como recompensar a um homem que um dia me estendeu a mão?"

E HAMÃ com muita soberba, se sente muito empolgado,
o orgulho fala mais alto, sugere que tal homem seja exaltado.

Ele pensa, enganosamente, que esse homem ele mesmo seria,
orgulho em seu coração, mas logo se frustraria.

Ele sugere uma coroa, roupas nobres e ostentação,
montar o cavalo do rei, e desfilar no meio da multidão.

ASSUÊRO lhe diz então: "**Tudo isso se fará,**
"**MARDOQUEU irá montado, e você o conduzirá**".

HAMÃ fica envergonhado, não conseguia acreditar,
o judeu que ele odiava, acima dele iria estar.

E Hamã sai pela cidade, aos pés de MARDOQUEU ele ficou,
um judeu no cavalo do rei, Hamã nunca imaginou.

Ele não imaginava que a justiça se faria,
na forca que ele fez para MARDOQUEU, ele mesmo morreria.

Ester fala a ASSUÊRO, falou de Hamã e de sua má intenção,
da maldade que planejava, de sua conspiração.

O rei irado então ficou, não iria a Hamã perdoar,
o seu homem de confiança, ele iria ali enforcar.

Clemência HAMÃ pediu, a Ester ele apelou,
mas ASSUÊRO furioso, a HAMÃ não perdoou.

E naquela forca recém-construída, onde MARDOQUEU estaria,
pendurado agora está HAMÃ, a justiça então se faria.

Nessa história inusitada, o inimigo conspirou,
quis destruir o povo de Deus, mas o povo jejuou.

O jejum abre caminho, Deus vê a sua intenção,
Ele muda seu cativeiro, Deus conhece seu coração!

E no dia da matança em que o decreto então dizia,
agora havia uma esperança, o povo judeu se defenderia.

E o mal assim foi vencido, o povo de Deus reviveu,
obtiveram a vitória, MARDOQUEU agradeceu.

**MARDOQUEU então foi honrado, ASSUÊRO o exaltou,
tornou-se líder em SUSÃ, em alta posição ficou.**

**Ester foi uma mulher sábia, nos caminhos do Senhor andou,
fiel até o último momento, e ao seu Deus ela honrou.**

ASSUÊRO a Ester amou, mulher virtuosa ela seria,
e por toda sua vida, Deus se manifestaria.

Uma lição de paciência, calma e sabedoria,
atributos que, com certeza, a Rainha Ester sempre teria.

**MARDOQUEU da mesma forma, ao seu Deus ele honrou,
não cedeu ao inimigo, a HAMÃ não se prostrou.**

Jesus diz a satanás: *"Escrito também está,
"somente diante do seu Deus você se ajoelhará!"*

Esse é o exemplo que nós temos que seguir,
olhando sempre para Jesus e nunca jamais desistir.

Meditem nessa história, em seu coração devem guardar
de Ester e de MARDOQUEU, sempre devem se lembrar.

Se alguém desejar sua morte, e uma forca para você construir,
coloque-se nas mãos do Senhor, seu inimigo então irá cair.

**Nosso Deus é um Deus provedor, sempre a justiça ELE fará,
estará sempre com você, nunca o abandonará.**

28. O NASCIMENTO DE JESUS.

Em um dia muito especial na cidade de Davi, o Messias nasceu,
e agora mostraremos aqui como tudo isso aconteceu.

Na cidade de Belém, para a história esse dia iria entrar,
o nascimento de uma criança que veio para nos salvar.

Mas não foi nessa cidade onde tudo começou,
vamos até a GALILEIA, onde o Anjo Gabriel a uma mulher falou.

Gabriel, anjo mensageiro, a Zacarias também falaria,
anunciou o nascimento de João, que o caminho do Messias prepararia.

Na cidade de Nazaré, que na GALILEIA então ficava,
esse anjo em nome de Deus a uma certa jovem falava.

Uma jovem prometida, com José iria se casar,
o seu nome era Maria e Gabriel irá lhe falar.

"Salve! Agraciada de Deus, contigo o Senhor será.
"Bendita és tu entre as mulheres, o teu ventre conceberá.

"Tu vais gerar um menino, o seu nome será Jesus!
"Ele será a salvação de muitos, Ele irá trazer a luz!"

Maria fica confusa, não entende tal saudação,
e além do mais ela era virgem, mas o anjo lhe dá a explicação:

"Pelo Espírito Santo conceberás e com José você irá se casar,
"mas até o menino nascer, José não irá te tocar.

"Filho do Altíssimo, esse menino então será,
sentará no trono que Davi sentou. Seu reino para sempre permanecerá.

"Ele será o verdadeiro Messias que o povo tanto esperou.
"as escrituras se cumprindo, o grande dia chegou!"

E a virtude do Espírito Santo à Maria então cobriria,
e ao Filho Santo de Deus por nove meses ela carregaria.

O anjo fala também a José, e ao seu coração tranquilizou,
Ele se casa então com Maria e Deus os abençoou.

E nessa época um decreto de Cesar Augusto então viria,
pois iria haver um senso, todo o povo então se contaria.

Uma contagem rigorosa, todos em suas cidades de origem deveriam estar,
José era de Belém, teriam então que viajar.

Eles saem assim de Nazaré, Belém o destino seria,
partem para uma longa viagem, e naquela cidade Jesus nasceria.

Uma viagem cansativa, à noite eles iriam chegar,
procuram uma hospedagem, mas estava difícil encontrar.

A cidade estava lotada, o senso era a explicação,
Maria começa a sentir as dores, precisam de uma instalação.

Então em um local precário, Jesus ao mundo viria,
é colocado em uma manjedoura e sua vida na terra começaria.

José e Maria se alegram, glorificam ao Senhor,
tinham seu primeiro filho, e ESTE seria o Salvador.

E os pastores de Belém vieram a Jesus adorar,
naquela noite especial, iriam ao bebê contemplar.

Multidão dos Exércitos Celestiais, em coro então ali cantavam
pelo nascimento do Messias, todos a Jesus adoravam.

"**Glória a Deus nas alturas!**" Boa vontade nosso Deus então teria,
e naquela linda noite, Javé nos presentearia.

A Bíblia não nos diz o dia em que o Nosso Senhor nasceu,
mas temos uma certeza em nossos corações, entre nós ELE viveu.

E em muitos corações, Jesus ainda nascerá,
e no coração que ELE nascer, água limpa e pura do seu ventre fluirá.

E três magos do Oriente, viriam ao menino visitar,
trazem ouro, incenso e mirra, uma estrela os iria guiar.

Nessa época em Jerusalém, um tirano dominava,
era o tetrarca Herodes, apenas em si mesmo pensava.

Quando recebe a notícia de que o Messias nasceria,
sente ódio em seu coração, ele não se conformaria.

Se achava o "deus" na terra, uma soberba sem igual,
homem cruel e maldoso, personificação do mal.

E na cidade de Jerusalém, a Herodes os magos procurariam,
informações sobre o Messias ali então buscariam.

Os magos com Herodes falaram, ao menino desejam adorar,
falsamente ele lhes pede: "Depois voltem para me informar".

Com falsidade ele lhes diz que ao menino também adoraria,
na verdade queria matá-lo, como sempre, ele mentiria.

E aquela estrela resplandecente, a esses magos iria guiar,
e sempre seguindo esse sinal, a Jesus iriam encontrar.

O trono que Herodes ocupava, ele tinha medo de perder,
temeu a essa criança que um dia iria crescer.

E os magos vão a Belém, a Jesus irão adorar,
e Deus lhes avisa em um sonho: *"por Jerusalém não deveriam voltar"*.

Herodes fica furioso, radical ele então será,
lança um decreto cruel, todos os meninos ele matará.

E em toda Palestina, todas as mães chorariam,
soldados impiedosos, aos seus meninos matariam.

Jeremias profetizou, anos antes ele veio a falar,
a muitos meninos inocentes, a espada iria matar.

Assim diz o Senhor: **"Em RAMÁ uma voz se ouviu,**
"pranto amargo, Raquel chora, tristeza como nunca antes se viu!

"Ela se recusa a ser consolada, seus filhos mortos já estão!
"Esses meninos já não existem mais, grande tristeza em seu coração!"

Mas antes dessa barbárie, a José Deus avisou:
"Saia de Nazaré com o menino", em sonho o anunciou.

José e Maria, assim, para o Egito se deslocaram,
era uma longa viagem, e com Jesus lá habitaram.

Algum tempo se passou e o tetrarca Herodes então morreria,
Deus fala a José novamente, e para Nazaré com Jesus ele voltaria.

E ali Jesus cresceu, na GALILEIA **ELE** habitou,
estudou as leis de Deus, o seu pai o ensinou.

Forte e robusto foi ficando, sabedoria o PAI lhe dava,
agora falo do PAI do céu, seu chamado ELE esperava.

Certa vez em Jerusalém, seus pais foram adorar,
e na volta a Nazaré, Jesus acabou por ficar.

Já no caminho então, alguns dias se passariam,
deram falta de Jesus, e preocupados ficariam.

Para a cidade seus pais voltaram, em Jerusalém a lhe procurar,
e o encontram com os doutores, então irão lhe perguntar:

"Por que nos fizeste tal coisa? Por que não nos acompanhou?
"Nós ficamos preocupados!" Maria assim então falou.

E Jesus lhes respondeu: "resposta para se pensar",
palavras surpreendentes para um menino de doze anos falar.

"Por que estavam me procurando?" O menino ali falou,
deu uma resposta profunda, Maria para José então olhou.

"Não sabeis que me convêm, das coisas de meu Pai cuidar?"
Seus pais ali não entenderam, mas um dia Deus os iria revelar.

Os doutores que ali estavam com Jesus a debater
"Como poderia esse menino tantos argumentos ter?"

Com seus pais então **ELE** voltou, e sempre a lhes respeitar,
vão então para Nazaré, suas vidas continuar.

Sempre na direção de Deus, o cordeiro iria crescer,
e quando chegasse o momento certo, tudo iria acontecer.

**José e Maria então, na direção de Deus sempre estariam,
formariam uma família abençoada e de Jesus sempre cuidariam.**

A profissão de seu pai, Jesus então aprenderia,
como carpinteiro ficou conhecido, até o momento em que se revelaria.

**A palavra não nos relata em que momento o seu pai morreu,
mas podemos sem dúvida concluir, muito com José ELE aprendeu.**

E até os trinta anos, de sua mãe e seus irmãos ele cuidaria,
e então chega o momento, seu ministério começaria.

**Em um casamento em Caná, água em vinho transformou,
foi seu primeiro milagre, sua missão agora começou.**

E nessa festa, sua mãe uma orientação sábia daria,
"FAÇAM TUDO QUE ELE LHES DISSER!", Maria ali entenderia.

**Fazer o que Jesus nos diz, assim nós só temos a ganhar,
obedecendo a Sua palavra e em Suas mãos nossa vida entregar.**

**Com ELE temos a paz, a paz que ELE mesmo nos prometeu,
uma paz que o mundo não compreende, um presente que ELE nos deu.**

**O maior presente de todos, com a salvação ELE nos presenteou,
e antes que nós o amássemos, ELE primeiro nos amou.**

**Ele disse à mulher samaritana, no poço de Jacó ela estaria,
"que tipo de adoradores Deus quer, o que de nós ELE queria".**

Amar ao Senhor com sinceridade, sermos humildes de coração,
devemos ser honestos diante de Deus, e então ELE nos dará o perdão.

Em espírito e em verdade, assim devemos O adorar,
Jesus ama a mim e a você, e de nós sempre irá cuidar.

O Menino Jesus nasceu e esse fato entraria para a história,
e desde então, até hoje, ELE manifesta sua glória.

29. FILIPE E NATANAEL

Vamos falar de um apóstolo, não será Pedro nem João,
este teve sua importância e, como os demais, também nos dá uma lição.

Filipe era o seu nome, e a Natanael ele chamou,
ele o levaria a Jesus, do Mestre Ele lhe falou.

"Achamos aquele de quem Moisés falava, o Messias que viria!"
Mas em um primeiro momento, Natanael não acreditaria.

"ELE vem de Nazaré!", Filipe a ele falou,
porém Nazaré tinha má fama, e Natanael então questionou:

"Viria algo bom dessa cidade? Não consigo acreditar!"
E Filipe, por sua vez, lhe diria: "Venha comigo, e eu irei lhe mostrar".

Então ambos foram até Jesus, e Natanael meditava,
uma dúvida em seu coração, no Messias prometido por Deus ele pensava.

E Jesus os vê chegando e a Natanael falaria,
tocaria em seu coração, Jesus o surpreenderia.

"*Eis aqui um verdadeiro israelita!*" Jesus iria lhe falar,
Natanael fica confuso, então irá lhe perguntar:

"De onde me conheces tu?" Natanael lhe pergunta admirado,
Não entendia o motivo de ter sido elogiado.

"*Nesse homem não há dolo*", Jesus ainda diria,
"*Eu te vi debaixo da figueira*", e isso ninguém mais sabia.

Com essas palavras de Jesus, Natanael então se rendeu,
reconhece o filho de Deus, agora ele compreendeu.

Ele agradece a Filipe, por Jesus lhe apresentar,
conhece o melhor dos amigos e do Messias não irá mais se afastar.

**Ele se torna um dos doze, Bartolomeu então se chamaria,
teve um certo ceticismo, mas a Jesus se renderia.**

E Jesus ainda lhe disse: *"Pelo que te falei agora você veio a acreditar,*
"Você ainda verá muitas coisas pelas quais irá se admirar!

"Daqui em diante, agora te digo, os céus abertos você então verá,
"Anjos subindo e descendo sobre o Filho do Homem, e então você os contemplará".

Imaginemos a alegria de Natanael e também a sua emoção,
recebendo a Jesus, **"o Cristo", dentro de seu coração.**

**Sua missão só estaria começando, irá seguir a Cristo e estará na luz,
uma trajetória enigmática, mas se manteria firme, antes e depois da cruz.**

Filipe cumpriu o seu papel, seu amigo a Cristo ele levou,
mais uma alma que conhece o Senhor, e no coração de Natanael, Jesus habitou.

**Em nossa vida espiritual, poderemos passar por esses dois papéis,
podemos estar na condição de "Filipes" ou na de "Natanaéis".**

Seja qual for nossa condição, Jesus sempre conosco estará,
mesmo que algum dolo tenhamos, Ele então nos perdoará.

E, além de nos perdoar e nos proporcionar a salvação,
Jesus ainda conta conosco, Ele nos dá uma missão.

Nós não somos um dos doze, mas o **"IDE"** de Cristo temos que praticar,
pois existem muitas almas sedentas, precisando a Jesus encontrar.

Filipe ali entendeu, "Devemos levar as pessoas até Jesus!
"Vamos apresentá-las ao Mestre, mostrar a elas o caminho da Cruz!"

O que Natanael fazia debaixo da figueira, eu fico então a imaginar,
talvez estivesse orando e com o Deus de Israel quisesse conversar.

A você eu digo agora: "Deus o viu debaixo da figueira, sozinho você não estava,
"mesmo quando você parecia estar só, o Senhor o contemplava.

"Deus conhece o nosso íntimo, nossos pensamentos ELE sempre irá saber,
"o Senhor sabe tudo sobre nós, não podemos DELE nos esconder".

30. JESUS/HOMEM.

Meditando na pessoa de Jesus, começamos então a pensar,
o que escrever sobre ELE? Papel iria nos faltar.

ELE é o Alfa e o Ômega, pretensão de nossa parte seria,
essa história não teria início, tampouco final haveria.

Como homens que somos, não ousamos nos comparar,
porém, vamos focar em um aspecto, do **JESUS/HOMEM** iremos falar.

**Vivendo apenas trinta e três anos, toda a humanidade Ele transformou,
com suas ações e palavras, o amor de Deus por Ele se manifestou.**

Na condição de homem **ELE** nunca pecou, foi justo, sincero e humilde enquanto viveu,
teve um encontro com João Batista, que ao seu primo logo conheceu.

Jesus nunca deixou de ser Deus, mas dos seus atributos se despojaria,
teria que vencer como homem, a sua missão ELE cumpriria.

O apóstolo Paulo certa vez nos disse, desse aspecto ele nos falou,
ele falou do Jesus/homem e então nos explicou:

"De sorte que haja em nós, o sentimento que em Cristo existia,
"Quando Ele se fez homem e o exemplo então nos daria,

"Um exemplo de humildade, e sendo o Deus que Ele era,
"O Deus que Ele sempre foi, Ele é o Deus que nos espera.

"Então aniquilou-se e a forma de servo tomou,
"Ele fez isso por amor, conosco Ele se preocupou.

"Fez-se semelhante aos homens, mas perfeito Ele seria,
"Coisa que nenhum homem conseguiu, somente ELE conseguiria.

"E estando na forma de homem, humilhou-se e obedeceu,
"fez a vontade de seu Pai, e na cruz por nós ELE morreu.

"Foi exaltado soberanamente, no domingo ELE ressuscitaria,
"Seu nome está acima de todos, e nenhum outro nome maior haveria.

"Que ao Seu nome todo joelho se dobre, e que toda língua venha a confessar,
"que ELE é o Cristo filho de Deus, ELE veio para nos salvar."

**ELE fez parte da criação, pela sua palavra tudo foi formado,
e o verbo de Deus se fez carne, e veio viver um pouco ao nosso lado.**

Em uma manjedoura **ELE** nasceu, um menino da tribo de Judá **Ele** seria,
foi visitado pelos reis da terra, e o **REI dos Céus**, como homem viveria.

Foi crescendo como um menino judeu, seus pais lhe ensinavam a viver,
e nas escrituras Ele aprendia, as coisas de Deus começava a absorver.

Certa vez em Jerusalém, seus pais haviam ido sacrificar,
todos voltaram e Ele ficou, e sua falta não iriam notar.

Doze anos Ele teria, e já no caminho foram perceber,
Jesus não estava com a sua família, o que iriam então fazer?

Seus pais voltaram até a cidade, e ao menino iriam procurar,
encontram Jesus com os doutores, que **com desenvoltura Ele estava a falar**.

Maria lhe pergunta: **"Por que preocupados nos deixou?"**
E uma resposta intrigante aquele menino ali falou:

"Vocês não conseguem perceber? Não precisavam se preocupar,
"pois dos negócios de MEU PAI, Eu necessito então cuidar."

Jesus respeitava seus pais, e com eles à GALILEIA voltou,
e assim o menino crescia, e assim o tempo se passou.

E dos doze aos trinta anos, informação nós não iríamos ter,
então surge o cordeiro de Deus, o povo o irá conhecer.

Para João Batista **ELE** se apresenta, seu primo o irá batizar,
então o profeta questiona, mas Jesus a ele irá explicar.

O batismo é necessário, João então irá entender,
toda justiça se convém cumprir, e algo tremendo ali vai acontecer.

Quando Jesus então saía das águas, o profeta uma voz escutou,
e sobre a cabeça do cordeiro, naquele momento uma pomba pousou.

Era o Espírito Santo de Deus que em Jesus agora iria habitar,
acompanhá-lo todo tempo e mais ainda a ELE capacitar.

E aquela voz então dizia: *"Esse é meu filho amado que muito me dá satisfação"*
João ouviu e se curvou, foi tocado seu coração.

E dali para o deserto, Jesus agora então iria,
começando a sua missão, **e ao príncipe da Pérsia ELE enfrentaria.**

E ao deserto Jesus chegando, jejum Ele iria fazer,
ficar ali quarenta dias, o seu corpo iria sofrer.

Seu corpo fica fragilizado, mas o Espírito se alimenta,
Ele come o pão que vem do céu, é Deus quem a Ele sustenta.

Não podemos nos esquecer, em um corpo humano Jesus estaria,
seu estômago iria doer, muita fome **Ele** sentiria.

E nesse momento então, o inimigo irá se manifestar,
ele vai falar com Jesus, e a **Ele** irá desafiar.

O inimigo é astuto, e sabia da situação,
ele irá afrontar a Jesus, ele vai usar a palavra **"pão"**.

"Se tu és o filho de Deus!", satanás então ali diria,
"Transforma essa pedra em pão!", sarcasticamente falaria.

E Jesus irá lhe responder, a **"PALAVRA DE DEUS"** Ele vai usar,
"NEM SOMENTE DE PÃO VIVERÁ O HOMEM", satanás vai então se calar.

E Jesus ainda completou, e o inimigo então ouviria,
"Da palavra que sai da boca de Deus, dessa comida o homem comeria".

E o inimigo não satisfeito, ao pináculo do templo O levou,
"Jogue-se agora daí de cima!", a Jesus novamente ele tentou.

"Os seus anjos te segurarão, você pode então se jogar,
"está escrito nas Escrituras, seus pés não irão se machucar!"

Jesus a ele respondeu, a Escritura também citaria:
"Não tentarás o Senhor teu Deus!", mas o inimigo não desistiria.

Satanás mostra a Ele o mundo, e todos os reinos que "poderia" lhe dar,
"Você pode ter tudo isso, se diante de mim se prostrar!"

E Jesus mais uma vez respondeu, e de novo não hesitou,
citou as Escrituras, ao inimigo **Ele** falou:

"Sai daqui agora satanás! Somente ao Pai vou adorar!"
Jesus dá a resposta: *"Somente ao meu DEUS Eu vou me prostrar!".*

Depois dessa resposta de Jesus, o inimigo se afastaria,
mas vai ficar à espreita, ele não desistiria.

Se a Jesus satanás tentou, o que ao homem ele não irá fazer?
Esteja sóbrio como nos disse Pedro, e em nome de Jesus você irá vencer.

E Jesus ali abatido, mas ao inimigo **Ele** superou,
então chegaram os anjos de Deus, e Jesus assim se alimentou.

Os anjos O servem ali, seu ministério iria começar,
escolherá então doze apóstolos, aos quais ELE irá ensinar.

Jesus é mais que vencedor, ao inimigo e ao mundo ELE provou,
e na cruz depois de três dias, sua total vitória ELE consumou.

Meditando nessa linda história, como é bom a JESUS se entregar,
vamos mergulhar nesse lindo passado, e no presente e no futuro com ELE iremos estar.

Jesus certa vez disse em um monte que "os tais" o Céu iriam herdar,
"os tais" seriam os bem-aventurados, em Jesus viriam a acreditar.

Sobre o sermão do monte neste livro nada falei, um só livro para isso não bastaria,
para falar das "Bem-aventuranças de Cristo", de muito mais páginas eu precisaria.

31. JOÃO, O BATISTA.

Vou falar de um profeta, ele era filho de Isabel,
e ele veio aplanar o caminho do Senhor Emanuel.

Usava roupas de pano de saco, gafanhotos ele comia
ele anunciava o nascimento do cordeiro que viria.

João Batista era o seu nome, aos fariseus desafiava,
dizia o que tinha que dizer, ele não se amedrontava.

"Arrependam-se! Ainda é tempo de se consertar,
"libertem-se de todo o orgulho e arrogância! Deus ainda pode lhes perdoar".

"Raça de Víboras!" João dizia; a hipocrisia aos fariseus caracterizava,
mostravam-se o que não eram, João a eles então falava.

De João eles sentiam ódio, sua vida queriam tirar,
ao mesmo tempo a ele temiam, suas palavras tinham o poder de impactar.

Sepulcros caiados, falsidade em suas veias corria,
belos por fora e podres por dentro, aquele povo a João não enganaria.

Assim eram os fariseus, facilmente se corrompiam,
aqueles que deveriam dar o exemplo, do Senhor e da verdade distante viviam.

Com autoridade, dizia João Batista: *"Com água eu irei batizar,*
"mas virá um maior do que eu, cujas sandálias não sou digno de desatar!".

E em um dia muito especial, João sente uma grande emoção,
contempla o filho de Deus, bate forte seu coração.

Estava ele ali no Rio Jordão, esta a sua rotina seria,
teria então uma grande honra, a Jesus o filho de Deus batizaria.

E olhando para o seu primo, tem desejo de lhe abraçar,
e por um propósito divino, teria que o batizar.

João não se acha digno, constrangido ele ficou,
mas Jesus lhe diz que é necessário, ao amigo Ele explicou.

O Mestre então desce às águas, e uma voz se ouve lá do céu:
"Este é o meu filho amado, este é o Emanuel!"

E feliz fica o profeta, vendo Jesus se afastar,
"Eis o cordeiro de Deus, que a muitos irá salvar!".

Com sua missão já cumprida, ele a Jesus precedeu,
mas HERÓDES (filho de Heródes, o tetrarca), a João Batista prendeu.

E na prisão ele sabia, Jesus irá se manifestar,
sabia que iria morrer, mesmo assim vai se alegrar.

"Voz do que clama no deserto", João se "autodenominou",
e ao seu primo Jesus, a sua vida dedicou.

Ele tinha o Espírito Santo, de Deus a autoridade,
e não suportava ver no mundo uma tamanha iniquidade.

Indignado com a maldade, o pecado ele apontava,
não temia os sacerdotes, e em nome de Deus falava.

Em uma festa mundana, HERÓDES manipulado seria,
e a cabeça de João Batista, HERODIAS (sua esposa) pediria.

Espírito de JEZABEL se manifesta, uma mulher sedutora e cruel,
quer a cabeça de João, como se fora um troféu.

Dançando, então, sua filha faz Herodes delirar,
e até metade do seu reino, estaria disposto a lhe dar.

Salomé era o seu nome, jovem sem nenhum pudor,
era igual a sua mãe, não conhecia o amor.

**Em uma conspiração maligna, o ódio ali prevaleceu,
terminava então sua missão, João Batista então morreu.**

E João agora morto, porém cumpriu sua missão,
Jesus recebe a notícia, fez doer seu coração.

Falando de João Batista, Jesus diz com ousadia:
"Foi o maior dos profetas"! Outro igual não houve nem mais haveria.

João pregava o arrependimento, Jesus vai assim ratificar,
ensina a sua doutrina, muitos irão acreditar.

Esse profeta pagou com seu sangue, porque de Jesus ousou falar,
mas teve sua recompensa, o céu ele iria herdar.

**Essa é a história de um homem que a Jesus anunciou,
e por falar a verdade, com a sua vida ele pagou.**

**Nunca devemos ter medo de a Jesus anunciar,
muitas almas estão sedentas e irão acreditar.**

**Outros por nós sentirão ódio, não vão querer se render,
vão preferir amar o mundo, e a grande oportunidade irão perder.**

E se um dia quiserem sua cabeça, não precisa se preocupar,
Jesus estará com você, sempre de nós ELE irá cuidar.

Jesus amava muito a João Batista, como também ama qualquer um de nós,
vamos abrir nossos ouvidos espirituais, e poder também ouvir a Sua voz.

E uma vez ouvindo a Cristo, sua paz Ele vai nos deixar,
e por pior que seja o inimigo, a vitória o Senhor irá nos dar.

32. NICODEMUS, O FARISEU.

Fariseu respeitado era, e ao Messias aguardava,
era príncipe entre judeus, NICODEMUS ele se chamava.

Vivia em Jerusalém e de alguém intrigante ele ouviu falar,
era um tal de Nazareno, então resolveu investigar.

Tratava-se de um judeu, da GALILEIA ele viria,
e desse homem em questão, muito mais ele ouviria.

NICODEMUS percebeu que todos estavam a comentar,
falavam daquele judeu, **"Vou a ele procurar".**

Era um homem enigmático, as multidões **ELE** arrastava.
Sempre por onde passava, o povo se aglomerava.

Diziam que **ELE** fazia milagres, **"É difícil acreditar"**,
que curava os enfermos, todos queriam com Ele encontrar.

Com poucos pães alimentava milhares, uma palavra de paz Ele trazia,
e esses fatos, certamente, aos fariseus incomodaria.

E em certas ocasiões, NICODEMUS presenciou,
ouviu a voz daquele homem, e então ele pensou:

"Ele diz palavras sábias, verdadeiras e de luz,
"fala com autoridade, o seu nome é Jesus."

Este homem é Jesus de Nazaré, e em Belém ele nasceu.
Ele tocaria no coração deste nobre fariseu.

Enquanto os outros fariseus, com Jesus se encontravam,
questionando sua verdade, Nele não acreditavam.

Diziam ser por Belzebu que aos demônios Ele expulsava,
e Nicodemos presenciando, então ali meditava.

Jesus, assim, lhes explicava: *"Nenhum reino poderia subsistir,*
"se for contra ele mesmo, esse reino irá sucumbir".

De Jesus escarneciam, a Ele irão combater,
o chamavam de impostor, a Ele querem prender.

Na verdade tinham medo de perder a posição,
não querem Jesus no caminho, querem Jesus na prisão.

NICODEMUS observa, não quer a Jesus prender,
"Ele fala com autoridade, eu preciso O conhecer!"

Discorda de seus companheiros, ele quer com Jesus falar,
e em uma determinada noite, a Jesus vai procurar.

E com Jesus ele se encontra, um diálogo ali se inicia,
Nicodemos não imaginava, mas muito ali aprenderia.

Esse fariseu então declarou, falou com convicção,
acreditou em Jesus, sentiu em seu coração.

"As maravilhas que tu fazes, eu não poderia negar,
"isso só pode vir de Deus, eu tenho que acreditar."

No fundo ele sabia, desde o começo percebeu,
teria que se render, mesmo sendo um fariseu.

Jesus vai lhe explicar, quem de fato **ELE** é,
porque ele veio ao mundo, e que é necessário ter fé.

"Da água tu irás nascer, deves nascer de novo então,
"ser uma nova criatura, é a única solução."

Mesmo sendo o mestre que era, NICODEMUS se assustou,
entendeu literalmente, e a Jesus perguntou:

"Devo ao ventre então voltar? E novamente nascer?
"Como posso já sendo velho? Eu não consigo entender!"

Jesus então replicou, de seu reino estava falando,
de uma vida espiritual, Jesus estava explicando.

"Da água e do Espírito tu deves nascer, em verdade vou te falar,
"se dessa forma não for, no reino de Deus não poderás entrar.

"Tu és mestre entre os fariseus, e não consegues entender,
"deverás nascer de novo para então poder viver.

"De coisas terrenas te falo, e não consegues assimilar,
"como entenderás então, se das coisas espirituais eu falar?

"Irás viver de forma plena, entendimento você terá,
"conhecerás a verdade, e a verdade te libertará.

"O Espírito assopra onde quer, Ele te dará a direção,
"e a direção correta sentirás dentro do teu coração.

"O Espírito guiará o homem, se o homem assim acreditar,
"é preciso nascer de novo e ao Messias se entregar."

Jesus ensina a NICODEMUS, e nós vamos também aprender,
é Deus falando conosco, de novo iremos nascer.

E Jesus lhe falou mais, as Escrituras ELE citou,
Jesus falou de Moisés e tudo então se encaixou.

"Lembre-se da serpente de bronze, que no deserto Moisés levantaria,
"e todo aquele que para ela olhasse, ali então se salvaria.

"No deserto havia o propósito, das víboras você se libertar,
"da mesma forma hoje será salvo, se para cruz você olhar.

"Como foi levantada a serpente, levantado o filho do homem será,
"ELE será pregado no madeiro, e assim na cruz morrerá.

"Ali morrerá por muitos, mas nem todos acreditarão,
"mas todos os que acreditarem, estes terão a salvação".

NICODEMUS ouviu atentamente, daquela noite não se esqueceria,
um encontro com Jesus, e tudo aquilo aprenderia.

Tudo que sabia como fariseu, muito pouco agora representava,
aprendeu muito com Jesus, muito mais do que imaginava.

Mestre entre os homens ele era, mas com o **Rei dos reis** se encontrou.
Jesus abriu os seus olhos, e NICODEMUS ali enxergou.

Jesus continuou a dizer, e o principal ainda diria,
passagem áurea da Bíblia, NICODEMUS então entenderia.

"Porque Deus amou o mundo de tal maneira, que deu seu filho para morrer;
"Para que todo aquele que Nele crê, a vida eterna pudesse obter".

Aquele que crer não morrerá, da morte para a vida passou,
isso é o *"nascer de novo",* foi isso que Jesus nos explicou.

"Quem não crer será condenado!", **para Jesus estará dizendo "não!"**, estará perdendo a única chance, de obter a salvação.

Jesus é a luz que veio ao mundo, mas muitos irão às trevas escolher, **"Ai desses!"** que fizerem essa escolha, esses para sempre irão sofrer.

NICODEMUS teve esse encontro, e a sua vida então mudaria, ali ele nasceu de novo, a Jesus se renderia.

Volta então para sua casa, grande paz em seu coração, nunca se esqueceria desse dia, sente uma grande emoção.

E algum tempo depois, tudo que Jesus havia lhe falado, ele veria acontecer, Jesus sendo então crucificado.

Ele se lembrou de suas palavras, pôde a Deus glorificar, pois sabia que naquela cruz, Jesus não iria ficar.

Ele e José de ARIMATEIA, dois fariseus que acreditaram, tiram Jesus daquela cruz, e assim o sepultaram.

Essa mensagem fala conosco, nos impulsiona a acreditar, sentimos em nosso coração **vontade de a Jesus abraçar.**

Só não espere anoitecer, busque a Jesus agora, ELE é a luz do mundo, **ELE** é a luz da aurora.

Tu deves nascer de novo, essa é a recomendação, nascendo de novo em **Cristo**, tu terás a salvação.

Jesus não está mais na cruz, ao terceiro dia ELE ressuscitou, derramou todo o seu sangue, e com esse sangue nos comprou.

Agora somos de Cristo, então podemos nos alegrar,
estaremos sempre com **ELE**, e somente a **ELE** vamos adorar.

Jesus se apresentou a NICODEMUS, suas dúvidas **ELE** tirou.
ELE se apresenta a nós agora, agora **ELE** nos salvou.

Saiba, **Jesus nos ama muito**, você pode acreditar,
Ele vai nos amar para sempre, **nunca irá nos abandonar.**

**Essa alegria ninguém nos tira, é uma dádiva do Senhor,
Deus sente, por cada um de nós, um infinito AMOR.**

33. CINCO PÃES E DOIS PEIXES.

Certa manhã um menino, de sua casa então saiu,
e alguém lhe disse: "Vá com o Senhor!", e aquela voz ele ouviu.

Seria a voz de sua mãe que já podia ali prever,
o grande dia abençoado que o seu filho iria ter.

Não sabíamos o seu destino, ou onde esse menino estaria,
mas fosse ele onde fosse, comer ele precisaria.

Ele leva sua bolsa, sua mãe o ajudou,
cinco pães e dois peixinhos aquele menino levou.

Esse menino não imaginava que para a história entraria,
e de um milagre de Jesus, ele participaria.

Não sabemos se ele foi ver a Jesus, ou se por ali apenas passava,
mas àquelas palavras do Mestre, muito atento ele escutava.

**E ali no meio daquele povo, aquele menino seria,
o portador do alimento que Jesus multiplicaria.**

Milhares de pessoas ali estavam, sedentas, ouvindo Jesus falar,
e o Mestre a todas essas pessoas deveria alimentar.

Jesus alimenta nosso espírito, mas com a fome da carne também se importou,
conhece nossas necessidades, nunca nos desamparou.

Como alimentar tanta gente? De um milagre precisaria,
mas ali estava o provedor, toda fome acabaria.

O menino para André mostrou o alimento que carregava,
e com o coração puro que tinha, aquele pão ele compartilhava.

E Jesus diz então a Filipe: *"A esse povo nós temos que alimentar!"*, **"Mestre!"** ele responde. **"Duzentos ciclos de prata, se nós comprássemos de pão, ainda assim não iriam bastar!".**

E André chega até **Jesus**, e daquele menino ele falaria,
O **Mestre** pega aquele alimento, e graças ao Pai **Ele** daria.

Os apóstolos ali, contudo, iriam a Jesus questionar:
"Como poderemos com cinco pães e dois peixes a tantas pessoas alimentar?"

E havendo dado graças, ali aos apóstolos Jesus orientaria,
Ele parte então aquele pão, e a cada um deles distribuiria.

E os doze apóstolos, por sua vez, aquele pão ao povo iriam dar,
e todos ali comeriam, e **o pão e o peixe não iria acabar.**

Da mesma forma os dois peixes, Jesus ali compartilhou,
eles foram distribuindo, e cada um o seu pedaço pegou.

E todos ali se fartaram, ninguém sem comer ficaria,
eram mais de cinco mil almas, e o alimento ainda sobraria.

E o Mestre manda assim recolher, os pedaços que ali sobraram,
todos percebem o grande milagre, e a Jesus eles então aclamaram.

Jesus aos apóstolos orientou, nada poderiam desperdiçar,
deveriam recolher todas as sobras, todo o alimento deveria se aproveitar.

Seus discípulos recolhem então, doze cestos vieram a encher,
todos ali se saciaram, ninguém ficou sem comer.

O povo reconhece a Jesus como o profeta que viria,
mas ainda não seria o momento, e Jesus então se afastaria.

E daquele jovem garoto não ouvimos mais falar,
mas ele teve a grande honra desse milagre de Jesus participar.

Com certeza esse menino também comeu, do **banquete** ele participou,
ele colaborou com Jesus, e Jesus o abençoou.

O garoto não se preocupou, de seu alimento perder,
deixou tudo nas mãos de Jesus, e uma grande lição pôde aprender.

Uma lição ele também nos deu, muito generoso esse menino seria,
confiou ao Senhor todo o seu alimento, porém nada lhe faltaria.

Sabemos que a lei da semeadura, nunca jamais irá falhar,
entregue sua vida para Jesus, e muito mais Ele irá lhe dar.

Essa lei também se aplica a coisas erradas que o homem vier a fazer,
se o homem pecar contra Deus, pelo seu pecado deverá responder.

Podemos confiar no Senhor, Ele perdoa, nos ama e nos alimenta,
entregue a Ele seus pães e seus peixes, Jesus multiplica e o sustenta.

Doze cestos ali sobraram, isso não posso agora explicar,
mas saiba, o pouco que você tem Jesus pode multiplicar.

34. A MULHER SAMARITANA.

**Certa vez Jesus, Nosso Senhor, para a GALILEIA retornando
e parando em SAMARIA, então estava descansando.**

Seus discípulos o deixaram, comida eles foram comprar,
e ali no Poço de Jacó, Jesus ficou a esperar.

Próximo a esse poço havia um monte, onde os Samaritanos adoravam,
lugar sagrado para eles, onde a Deus eles buscavam.

E ali Jesus estava, sentado a meditar,
quando chegou certa mulher, água ela havia ido buscar.

**Samaritanos e judeus havia muito tempo que não se falavam,
e embora fossem povos irmãos, eles não se toleravam.**

E Jesus pede água a esta mulher, espantada ela ficou,
pois ali um homem judeu com uma mulher samaritana falou.

Ela o questiona então: "Por que comigo está a falar?"
E Jesus mostraria a ela, a água que **ELE** poderia lhe dar.

Confusa a mulher ficou: "Como dessa água tu podes me dar?
"Tu não tens balde nem corda, como poderá a água tirar?"

Aquele poço era fundo, literalmente ela entendeu,
não percebeu qual era a água que Jesus lhe ofereceu.

**Jesus falava da água viva, água pura que Ele daria,
e quem bebesse dessa água, sede nunca mais sentiria.**

Quem dessa água bebesse, pelo seu ventre jorraria,
água viva para sempre, nunca mais acabaria.

"Dá-me então dessa água!", a mulher ali falou.
Assim, ela teve a surpresa, o Messias se revelou.

Ela desejava essa água, não queria ao poço voltar,
mas Jesus no profundo de sua alma, começaria então a entrar.

"Traga-me aqui seu marido!" então a cabeça ela baixou.
Disse: **"Não tenho marido",** e Jesus com ela concordou.

"Disseste bem, não tens marido, a verdade vou te falar,
"Cinco maridos já tiveste, e com nenhum deles pôde ficar.

"Esse homem com quem estás agora, seu marido não pode ser,
"e Eu já sabia disso, não precisava me dizer".

Admirada ela ficou, tudo sobre ela Jesus sabia,
"Vejo que um verdadeiro profeta hoje chegou a SAMARIA!"

E Jesus ainda teria, outra coisa a lhe falar,
e ela sedenta de ouvir a palavra, a Jesus irá perguntar:

"Nossos pais sempre nos disseram que nesse monte devemos adorar,
"porém os judeus afirmam, somente em Jerusalém deve-se orar.

"Onde enfim devemos buscar? Como na presença de Deus estarei?
"Onde Deus irá me ouvir? **Diga-me Senhor, e então farei!"**

E Jesus então falou, receita de adoração **ELE** deu:
"Adore em espírito e em verdade, seja você um gentil ou um judeu.

Não importará o lugar, verdadeiros adoradores Deus buscaria.
"Seja lá em Jerusalém, ou aqui em SAMARIA".

Jesus explica a ela então, o Pai sempre irá buscar
aqueles que em espírito e em verdade, somente a **ELE** possam adorar.

Aquela mulher reconheceu, profeta apenas **Esse homem** não era,
Ele seria o Messias, o Messias que o povo espera.

Muito feliz ela ficou, sentindo com convicção,
Deus ali falou com ela, teve certeza em seu coração.

**E os apóstolos ali chegaram, e viram Jesus com uma mulher falar,
uma mulher samaritana, mas não ousaram questionar.**

Eles Lhe oferecem o alimento que tinham ido buscar,
mas Jesus recusaria, não quis ali se alimentar.

**E Jesus então lhes falou, de outro alimento precisava,
alimento para o espírito, a eles então explicava:**

"O alimento que vem do céu, só DEUS pode nos fornecer",
não teriam mais fome nem sede, mais tarde iriam entender.

Alimento para a carne, no momento certo haveria,
Deus sempre iria nos prover, esse alimento nunca faltaria.

E a mulher apressadamente correu, para a cidade se deslocou,
o coração batendo forte, de Jesus a todos falou.

E chegando a SAMARIA, a todos ela foi dizer
do Messias que encontrou, e veio a conhecer.

E foram ter com Jesus, o convidam para ficar,
Ele permanece dois dias, todos querem lhe hospedar.

**Muitos em SAMARIA creram, com Jesus se alegraram,
suas almas foram salvas, em Cristo acreditaram.**

Algo importante eles disseram, a Jesus iriam falar,
não somente pelo testemunho da mulher, mas pelo que **eles viram** iriam acreditar.

Acontecimento marcante, a uma só pessoa Jesus falou,
e pela fé dessa mulher, a notícia se espalhou.

**Em espírito e em verdade, como adorar a Deus, Jesus ensinaria,
e o Messias naquele dia se revelou em Samaria.**

**Esse é o "Ide" de Jesus Cristo, devemos sempre Dele falar,
encontre o seu "samaritano" e em Jesus ele irá acreditar.**

**Devemos quebrar os tabus, como Jesus ali quebrou,
falar com qualquer estrangeiro, e ousar como Jesus ousou.**

**Você é apenas um, mas sua boca pode falar,
e através de suas palavras, muitos poderão acreditar.**

**Falar do Mestre é prazeroso, Deus estará vendo e se alegrará,
o Espírito Santo vai capacitá-lo e o Senhor o honrará.**

**E não se esqueça que adorar é muito mais do que uma ação,
adorar é um estado, um estado permanente em seu coração.**

35. O CEGO DE JERICÓ.

"Jesus filho de Davi!" aquele cego bradou,
"Tem misericórdia de mim!" e o Mestre a este homem escutou.

Jesus passava por Jericó, uma grande multidão lhe acompanhava,
e um cego mendigando à beira do caminho para as pessoas perguntava:

"Por que tanto alvoroço? Quem por esse caminho irá passar?"
"Será Jesus de Nazaré." Alguém iria lhe falar.

Bartimeu seria o seu nome, muita fé este homem teria,
e pelo filho de Davi, ali ele então clamaria.

Certamente ele ouviu dizer, que o Messias se manifestou,
só esperava uma oportunidade, assim, Bartimeu gritou:

"Jesus filho de Davi!" Ele teria que se aproximar,
"Tem misericórdia de mim!" Sua fé o fez tentar.

Era uma grande multidão que a Jesus ali seguia,
chamam a atenção de Bartimeu, e ainda mais alto ele gritaria:

"Jesus filho de Davi! Preciso contigo falar!
"Tem misericórdia de mim! Sei que tu podes me curar!"

E ouvindo aquele homem clamar, Jesus manda a ele trazer,
os apóstolos o buscam, e o milagre iria acontecer.

Momento marcante em Jericó; imagine na frente de Jesus você estar,
ELE pergunta: *"O que tu queres?"* O que você iria lhe falar?

"O que queres que te faça?" Jesus ao cego ali diria,
Ele responde: **"Que eu veja!"** e o Mestre então o curaria.

Imediatamente ele viu, e a Jesus ele contemplou,
pôde ver a luz do Sol, e a Deus ele glorificou.

Imagine a alegria, ele que estava a mendigar,
Bartimeu agora enxergava, poderá então trabalhar.

Jesus então diz a ele, uma palavra de carinho:
"Vai! A tua fé te salvou, segue em paz o teu caminho".

E Jesus saindo de Jericó, Bartimeu a ELE seguiria,
sempre olhando para Jesus, Dele jamais se esqueceria.

**Mais que a cegueira dos olhos, a espiritual Jesus pode curar,
clame hoje ao filho de Davi e você então irá enxergar.**

E Bartimeu muito feliz, de Jesus não se esqueceu,
pois o Messias tão esperado, um grande presente lhe deu.

Sua vida iria mudar, agora ele enxergaria,
e além de poder ver o mundo, a salvação este homem teria.

Foi ousado, não temeu, mesmo quando mandaram ele se calar,
clamou ao filho de Davi, nunca deixou de acreditar.

Certamente as Escrituras, Bartimeu ali conhecia,
ele sabia que o Messias, filho de Davi seria.

Talvez não tivesse outra chance, de Jesus poder encontrar,
não se importou com a multidão e o nome de Jesus ele quis chamar:

"Jesus filho de Davi! Preciso da sua atenção!
"Tem misericórdia de mim! Transforma meu coração!"

Jesus quer que nós enxerguemos, a visão plena e total ELE deseja nos dar, e que possamos ver pelos Seus olhos, e que as escamas de nossas vistas ELE possa tirar.

O Mestre Jesus é a luz do mundo, nosso caminho ELE iluminará, será lâmpada para guiar nossos pés, jamais nos abandonará.

36. LÁZARO E O RICO.

Jesus muito nos ensinou, diversos métodos Ele usaria,
nos ensinou contando parábolas, e uma delas assim seria.

Ele nos falou de dois personagens, um abastado e o outro que muito sofreu,
dessa história tiramos muitas lições, vamos então contar o que aconteceu.

Em todas as suas parábolas, Jesus nunca a ninguém nomeou,
porém o mendigo dessa história, de **Lázaro** o Mestre chamou.

O outro era um homem rico e arrogante, tinha de tudo, nada lhe faltava,
apenas desfrutava de sua boa vida, com os necessitados ele não se importava.

Já Lázaro era doente, pobre, fraco, e não tinha o que comer,
parecia que ele tinha vindo ao mundo somente para sofrer.

Ele comia então das sobras que o homem rico deixava cair,
mas não demoraria muito, dessa vida ele iria partir.

E o pobre homem morreu então, para o céu Deus o iria levar,
das bênçãos celestiais do Senhor, agora ele iria desfrutar.

Estaria no seio de Abraão, seu sofrimento então acabaria,
O Senhor viu seu bom coração, com Jesus agora sempre ele estaria.

Mais algum tempo se passou e o homem rico também morreu,
e confrontado com seu orgulho na terra, só então ele percebeu.

Percebeu que viveu dissolutamente, que para Deus deixou de olhar,
não se importou com o seu próximo, e agora era tarde para se consertar.

Para o Hades ele foi levado, um sofrimento que não cessaria,
de onde estava conseguia ver a Lázaro, e ao pai Abraão ele então clamaria.

Embora a Lázaro ele pudesse ver, um abismo a eles iria separar,
ele via o mendigo num lugar bom, e com muita sede iria então clamar.

"Pai Abraão, quero te pedir! Peça para Lázaro me trazer,
"que ele molhe o seu dedo na água, tenho muita sede, preciso beber!"

E Abraão lhe responde então: "Por esse abismo ninguém poderá passar.
"Pelo mal que você fez na terra, lamentavelmente agora irá pagar.

"Já Lázaro, homem bom que foi, sofreu em sua vida e nunca murmurou,
"e então depois de sua morte, o Senhor a ele recompensou".

E aquele homem que tudo teve na terra, seu sofrimento não iria mais acabar,
ele pensa então em sua família, não consegue se conformar.

"Pai Abraão, mais uma coisa te peço, meus irmãos na Terra precisam saber,
"eles precisam se voltar para Deus ou virão para cá também sofrer".

"Avisa-os eu te imploro! Não quero que venham para este lugar,
"eles precisam ser alertados, eles precisam se consertar."

E Abraão bem claro seria: *"Comunicação não pode existir,*
"os mortos não falam com os vivos, um ao outro não pode ouvir.

"Eu te digo que teus irmãos na Terra alertados já estariam,
"se ouvissem Moisés e os profetas, em paz eles permaneceriam".

Hoje da mesma maneira, Moisés e os profetas estão a nos alertar,
falam através das Escrituras, e essa palavra ao homem pode libertar.

"Aquele que tem ouvidos para ouvir, ouça!", ainda é tempo de se arrepender,
Jesus quer lhe perdoar e com você permanecer.

Essa parábola que Jesus nos conta, muito tem a nos ensinar,
buscar a Deus depois da morte, não irá adiantar.

É preciso buscar ao Senhor em vida, enquanto o coração ainda bater,
Buscar a Jesus enquanto se pode achar, e do pecado se arrepender.

Olhar sempre para o nosso próximo, aos necessitados devemos ajudar,
deixe seu orgulho de lado, com seu irmão você deve se importar.

Ser rico não caracteriza pecado, assim como ser pobre não o garantirá,
o que importa é se entregar a Jesus, pois somente ELE o salvará.

Aqui, mais do que riqueza e pobreza, Jesus quis nos ensinar
o contraste entre o orgulho e a humildade, e aonde cada um deles pode nos levar.

De que nos vale ganhar o mundo, se a nossa alma viermos a perder?
Buscai antes a Deus e sua justiça, e no seio de Abraão o Senhor irá lhe receber.

Glórias a Deus!

37. Os dez leprosos.

Certa vez Jesus viajava, em Jerusalém iria chegar,
e ao passar por Samaria, com dez leprosos iria se deparar.

Esses homens não tinham esperança, incurável essa doença seria,
mas aquele que é o médico dos médicos, a história deles mudaria.

Eles avistam Jesus de longe, e suas vozes levantaram,
"Tem misericórdia de nós!", na cura eles acreditaram.

O Mestre imediatamente lhes disse: *"Aos sacerdotes devem se mostrar"*,
seguiram então o seu caminho, curados eles iriam ficar.

Sacerdotes eram autoridades, um desafio Jesus ali faria,
a arrogância desses religiosos, por terra então cairia.

Eram dez os que foram curados, porém apenas um a Jesus retornou,
esse fez questão de agradecer, e Jesus então questionou:

"Não eram dez os leprosos?"; onde os outros nove estariam?
Já conseguiram o que desejavam, com Jesus não mais se importariam.

Porém, esse **"um" era samaritano** e vivia no norte,
humilhou-se diante de Cristo e mudou ali a sua sorte.

Gratidão diante de Deus, nunca devemos nos esquecer,
a cada dia pela manhã, a Deus devemos agradecer.

Como esse homem foi humilde, diante de Jesus ali se prostrou,
reconheceu o filho de Deus, a Jesus ele se entregou.

Esse exemplo devemos seguir, não basta apenas a bênção alcançar, devemos estar todo tempo com Cristo, e da lepra do pecado **ELE** irá nos curar.

A gratidão é um dos pilares cristãos, assim como o amor e o perdão, ser crente é uma entrega total, Deus transforma seu coração.

Na cruz por nós Jesus morreu, nossos pecados ELE perdoou, **a salvação nos ofereceu, não se esqueça, Jesus sempre nos amou.**

38. A MULHER ADÚLTERA.

Iremos falar de uma mulher, porém seu nome nós não vamos encontrar, mas algo marcante sobre ela, iremos agora narrar.

Essa mulher não era perfeita, como qualquer ser humano peca, ela também pecou,
mas em um dia inesquecível, **com Jesus ela se encontrou.**

O ser humano tem a tendência de ao seu próximo acusar,
porém não temos esse direito, devemos antes para o espelho olhar.

Tiremos a trave de nossos olhos, antes de olhar o erro do nosso irmão,
Deus conhece nossas juntas e medulas, conhece nosso coração.

Vamos então a essa história, história de uma mulher que falhou,
seria condenada à morte, mas a *um certo Homem* ela encontrou.

Certo dia em Jerusalém, Jesus ali ensinava,
às portas do Templo Ele estaria, e o povo então o escutava.

E os escribas e fariseus, tentando a Ele provar,
uma situação desafiadora, iriam ali lhe apresentar.

Naquela mesma manhã, certa mulher fraquejou,
ela traiu seu marido, e com outro homem adulterou.

Não vamos aqui defender, tampouco vamos acusar.
Entreguemos essa situação a Jesus, então Ele irá nos mostrar.

Jesus é o advogado, um advogado que nos amou,
todos que com ELE foram honestos, ELE sempre perdoou.

E os fariseus, na sua soberba, já buscavam ocasião,
sempre queriam fazer Jesus cair em contradição.

Essa mulher foi flagrada, não teve como explicar,
conveniente aos fariseus, agora vão lhe acusar.

A mulher é levada então, sem compaixão é arrastada,
e pela lei de Moisés, seria então apedrejada.

Muitos desses fariseus, misericórdia não teriam,
e até com satisfação, àquela mulher eles matariam.

Mais do que cumprir a lei, queriam eles se aproveitar,
"Vamos levá-la até Jesus! Vamos ver o que Ele irá nos falar".

A lei de Moisés era clara, adultério era passivo de morte
essa mulher não teria chance, nada mudaria a sua sorte.

Detalhe importante nós percebemos, aquele homem que com ela adulterou,
a lei condenaria a ambos, mas com ele ninguém se importou.

Talvez eles tenham deixado aquele homem fugir, essa é para você pensar,
não se preocuparam com ele, somente a ela queriam matar.

Então a levam até Jesus, que ali próximo estaria,
esperando eles uma resposta, saber o que o Mestre diria.

E a multidão se alvoroça, era muita humilhação,
e ninguém daquela mulher iria ter compaixão.

Jesus já ali percebia, iriam querer lhe provar,
parecia alheio a tudo aquilo, mas já estava a observar.

E na frente de Jesus, os fariseus a colocaram,
humilhada, sem esperança, a ela já condenaram.

E Jesus agachado ao chão, na terra com seu dedo riscava,
e em profunda meditação, o momento certo aguardava.

Fariseus com sua arrogância a Jesus eles questionavam,
sabiam de sua compaixão, mas eles O odiavam.

Baseados na lei de Moisés, a Jesus irão perguntar,
"Ela foi pega em adultério, a lei mosaica nos diz para apedrejar!"

Eles queriam matar aquela mulher, e Jesus não poderia dizer,
que Moisés estava errado, ela teria mesmo que morrer.

Momento de silêncio então, todos ali a observar,
o que Jesus poderia dizer? Ninguém poderia imaginar.

Jesus então se levanta, e para cada um deles ELE olhou,
e com a sabedoria do Céu, o Mestre então lhes falou:

"Entre vocês quem nunca pecou, a primeira pedra pode atirar!"
Então todos se envergonharam, e começaram a se retirar.

Do mais velho ao mais moço, nenhum homem ali ficou,
e aquele terrível espetáculo, naquele momento cessou.

A mulher fica assustada, não sabia o que fazer,
e Jesus que escrevia na terra, a ela então vai dizer:

"Onde estão seus acusadores? Não há mais ninguém a te condenar?"
E ela então aliviada responde: **"Não, meu Senhor, ninguém mais quer me matar".**

E Jesus diz a ela, e a nós também deseja dizer:
"Nem eu também te condeno!" Jesus veio para nos absolver.

Ele é o nosso advogado, deseja nos perdoar,
desde que você se arrependa, nova chance **Ele** quer lhe dar.

E uma recomendação, Jesus a ela então faria,
"Vá! E não peques mais!" E feliz ela então partiria.

Essa mulher em questão, apenas para esclarecer,
não é Maria Madalena, como muitos pensam ser.

Dessa história uma lição, todos nós podemos tirar,
nos ensina a liberar perdão, nos ensina a amar.

Jesus ali surpreendeu, aos fariseus envergonhou,
a mulher foi perdoada, ninguém a apedrejou.

Jesus tem autoridade para o pecado perdoar,
É o cordeiro de Deus perfeito, encarnou para nos salvar.

ELE nos salva da maldição, do pecado que nos prendia,
terrível maldição da lei, que a todos nós condenaria.

E Jesus sempre estará, disposto a nos perdoar,
basta você se arrepender, ter fé, e a **Ele** se entregar.

Quanto àquela recomendação, nós não podemos nos esquecer,
"Ir e não pecar mais", e a Jesus obedecer.

Sempre haverá um "fariseu" querendo nos acusar,
querendo nos destruir, e querendo nos apedrejar.

Mas fique tranquilo, meu irmão, em Cristo agora você estará,
livre do jugo da lei, Jesus o perdoará.

Pois Ele nos resgatou, na cruz por nós Ele morreu,
teve seu sangue derramado, seu sacrifício nos absolveu.

Nessa história há um mistério, que o Senhor não revelaria,
o que Jesus ali na terra, naquele momento escrevia?

**Mas a mensagem principal, sem dúvida, Jesus nos revelou,
uma mensagem de perdão, o perdão que nos salvou.**

39. TU ÉS PEDRO.

Pescador humilde esse homem era e em seu barco trabalhava,
o dia já estava terminando e peixes ele não pescava.

Foi então que seu irmão André, veio ali lhe chamar:
"Conhecemos o Messias! E eu O quero te apresentar".

Intrigado ele ficou, e estava triste por nada pescar,
"Quem seria esse homem agora, que querem me apresentar?"

**SEFAS ele se chamava, sanguíneo, temperamento forte,
iria conhecer a pessoa que mudaria a sua sorte.**

**E Jesus, de Pedro o iria chamar, e também o surpreenderia,
mudaria sua vida, e muitos milagres SEFAS então veria.**

Naquela noite Pedro estava pescando quando seu irmão André o chamou, estava chateado por não ter conseguido nenhum peixe, mas algo tremendo naquele dia ele presenciou.

A rede ele já estava guardando, o dia estaria perdido,
mas ele ouve a voz de Jesus, falando forte ao seu ouvido.

Jesus diz a Pedro: *"Lance a rede AGORA ao mar!"*
e Pedro embora confuso, a Jesus vai acatar.

Saiu para o mar novamente, um fio de esperança ali brotou,
pescou então tantos peixes, que quase seu barco afundou.

Milhares de peixes ele pescou, outros barcos vão lhe ajudar,
o desânimo, assim, acabou, em Jesus ele vai acreditar.

**E ali Jesus fala a Pedro, e ele ouve com alegria,
tudo irá mudar agora, pescador de homens ele seria.**

Começando sua trajetória, Pedro nem imaginava,
a grande missão que teria, e tudo mais que o aguardava.

Serviria ao Rei dos reis, apóstolo iria se tornar,
e seu temperamento forte, teria então que controlar.

Certa vez Jesus lhe perguntou: *"O que dizem que EU sou?"*
Pedro dá a resposta certa, mas antes de falar, pensou.

"Tu ÉS o Cristo, o Messias, filho de Deus!"
Encontramos essa palavra no evangelho de Mateus.

E Jesus lhe responde: *"Tu és Pedro, meu irmão!*
"Você levará meu evangelho a toda essa nação!

"Eu sou a pedra de esquina, sobre a qual irão edificar!
"Serão a minha santa igreja, e a ela ninguém irá derrubar!

"E essa igreja eu buscarei, com vocês irei cear,
"E essas pessoas serão o meu povo, que um dia EU irei arrebatar!"

**A Igreja não é uma placa, tampouco uma denominação,
A Igreja será todo aquele que tiver Jesus em seu coração.**

Ela será a noiva do cordeiro, e quem estiver em Cristo será Seu embaixador.
"O mundo saberá quem são os tais, nesses, se manifestará o amor."

Estamos falando de Pedro, perfeito ele não seria,
e algum tempo depois, a Cristo ele negaria.

Nunca houve homem perfeito, todo homem irá pecar,
resta-nos reconhecer essa falha, e para Jesus Cristo então olhar.

**E caminhando com Jesus, mais de três anos Pedro ficou,
o galo cantou duas vezes, e três vezes ele O negou.**

Depois chorou amargamente, muita dor em seu coração,
Mas Jesus a ele amava, e **lhe daria o seu perdão.**

E em uma sexta-feira, com os doze Jesus ceou,
Pedro estaria então presente, com o Senhor se alimentou.

Seria a última ceia com o Mestre da qual Pedro participaria,
e depois ao Getsêmani, a Jesus ele acompanharia.

Pedro, Tiago e João são convidados a vigiar,
e ali naquele jardim, com o Mestre eles vão orar.

Eles sentem sono e dormem, Jesus sozinho ficou,
então Ele clama ao PAI, que ali o escutou.

Aqueles momentos antecediam a prisão do Salvador,
estava chegando a hora de Jesus sentir muita dor.

Antes Jesus ora ao Pai, e o cálice Ele pede para afastar,
e para salvar a mim e a você, esse pedido o Pai iria negar.

Lágrimas de sangue ali Jesus chorou, angústia enorme Ele sentia,
foi um dos momentos mais difíceis, pelos quais Jesus passaria.

"Afasta de mim esse cálice!", essa frase para a história entrou,
"Mas seja feita a Tua vontade", a vontade do Pai Jesus acatou.

Totalmente sujeito a Deus, o Filho se prostra ao Pai amado,
e poucas horas depois na cruz, Ele diria **"Está consumado!"**.

Judas a Cristo já havia traído, por trinta moedas O entregou,
e os fariseus ali chegando, Pedro sua ira manifestou.

"Um de vocês me trairá", Jesus já havia falado,
e como diziam as Escrituras, tudo estava sendo consumado.

Muitos homens com espadas, a Jesus irão prender,
com um "beijo" Judas ali o entrega, isso tinha que acontecer.

"Aquele a quem eu beijar será ELE", combinou o traidor.
Os fariseus concordaram, não tiveram nenhum pudor.

"A quem vocês procuram?" Jesus iria então dizer,
"A Jesus de Nazaré", eles iriam responder.

"Sou EU!" o Mestre disse, assustados eles ficaram,
Jesus se entrega então, e os inimigos se aproximaram.

Por um momento ficam atônitos, no fundo sentiam que a Deus estavam afrontando,
mas a prisão tinha que ser feita, e para Jesus continuam olhando.

"Já lhes disse que sou EU!", Jesus então ratificou,
e Pedro ali com sua espada, a orelha de um homem cortou.

E Jesus repreende a Pedro, a espada Ele manda guardar,
e aquele homem chamado MALCO, sua orelha Jesus vai ali mesmo curar.

Jesus é levado preso, torturado, e crucificado seria,
então ELE morre na cruz, mas ao terceiro dia ELE ressuscitaria.

Pilatos lavou suas mãos, não queira naquilo se envolver,
ele foi covarde e omisso, e Jesus iria lhe dizer:

"Nenhum poder você teria se do céu ele não viesse",
Pilatos então fica confuso, mesmo assim não se compadece.

A sentença foi dada, diante da multidão,
um bandido ali foi solto, havendo uma injusta inversão.

O próprio povo escolheu, os fariseus a todos induziram,
Jesus condenado a morte, e muitos ali aplaudiram.

O pastor foi retirado, as ovelhas perdidas ficaram,
como já havia dito Jesus, elas então se dispersaram.

E depois de ressuscitado, a Pedro o Mestre perguntou,
"Tu me amas de verdade?" então Pedro ali pensou.

E o que Pedro respondeu, veio lá do coração,
"Mestre sabes que te amo"! Agora ele tinha convicção.

Jesus também nos perdoa, nos ensina a amar,
ELE sintetiza o ÁGAPE DE DEUS, amor que veio para nos salvar.

E o Mestre ainda diz a Pedro: *"Antes tu ias aonde querias ir,*
"mas chegará o dia em que te levarão, sem que tu venhas a consentir".

Pedro intrigado ficou, de seu futuro Jesus estava a lhe falar,
mas esse apóstolo ainda tinha muito a fazer, ele tinha que continuar.

E Jesus ascende aos céus, diante de uma multidão,
Pedro então entende bem, a partir dali eles teriam uma missão.

Dois anjos dizem então: *"Para o céu parem de olhar,*
"para lá ELE subiu, um dia de lá virá lhes buscar".

Antes de subir porém, Jesus os orientaria,
"Virá o Consolador!", e o Espírito Santo com eles sempre estaria.

Agora aguardam pentecostes, revestimento e poder,
ficam então em Jerusalém, teriam que obedecer.

E chegado o grande dia, todos na sinagoga estão,
o poder se manifesta, e recebem a unção.

O Espírito é derramado, línguas de fogo e de poder,
idiomas diferentes são falados e todos conseguem entender.

Pedro então fala em outras línguas, e o chamam de embriagado,
mas ele logo a todos explica, o Espírito Santo estava ao seu lado.

Ali estavam muitas pessoas que em diversas línguas falavam,
era a festa de pentecostes, e todos se admiravam.

Pedro era galileu, e isso era de se espantar,
"Como poderia tal homem em outras línguas ali falar?"

Tiago, João e os demais também ali permaneciam,
e os apóstolos agora, suas missões continuariam.

Revestimento de Deus, Jesus lhes havia prometido,
e pelo Espírito Santo, cada um ali foi ungido.

E a Igreja primitiva, então iria ali nascer,
perseguida até os dias de hoje, mas sempre irá prevalecer.

E um dia na sinagoga, Pedro chega com João,
e um paralítico a ele clama, deseja um pedaço de pão.

E inspirado pelo Espírito, Pedro a resposta lhe deu,
disse algo impactante, o "inferno" ali tremeu.

"Não tenho ouro nem prata, mas o que tenho, isso te dou",
e em nome de Jesus, aquele paralítico andou.

Pedro disse isso pela fé, e você também pode dizer,
"Vamos! Levante! Ande!" então tudo irá acontecer.

Saia de seu lugar agora, e exercite a sua fé,
clame ao único intercessor, **clame a Jesus de Nazaré.**

Pedro deve ter se lembrado, quando um dia no mar ele afundou,
ele chamou ali por Jesus, e Jesus o levantou.

Ele um dia andou sobre as águas, enquanto para Jesus olhava,
mas então ele sentiu medo, e inevitavelmente afundava.

Meu irmão, você precisa saber, se acaso começar a afundar,
clame pela pessoa certa, e **ELE** irá lhe resgatar.

Jesus morreu por você, o seu sangue todo **ELE** derramou,
na cruz ele foi pregado, por nós Ele suportou.

Pedro entendeu muito bem, só Jesus nos bastará,
e mesmo no dia de nossa morte, ELE não nos abandonará.

O Messias venceu a morte, e com **ELE** vamos então viver,
e um dia no **"terceiro céu"** para sempre iremos permanecer.

Não se esqueça que na Igreja, os salvos devem estar,
e a Igreja somos nós, **ELE virá nos arrebatar.**

Essa foi uma promessa, **ELE** não vai deixar de cumprir,
e quando estivermos definitivamente com **ELE**, para sempre iremos sorrir.

***MARANATA!** Ora vem Senhor Jesus!*
__ELE está vivo e Majestoso, não está mais pregado na cruz.__

40. O AMIGO LÁZARO.

**Era amigo de Jesus, e doente ele estava,
e a visita do Senhor, ansioso ele esperava.**

Duas irmãs ele tinha, irmãs com tamanha fé!
E elas mandaram chamar a Jesus, o Homem de Nazaré.

Porém, Ele longe estava, e a doença se agravou,
mas sabiam que Jesus viria, Ele nunca se atrasou.

Marta e Maria temiam, uma angústia no coração
pela possibilidade de perderem o seu querido irmão.

Jesus elas bem conheciam, sabiam do seu poder,
mas muito longe Ele estava, Lázaro poderia morrer.

Mandam então um mensageiro, a Jesus foram chamar,
falaram-lhe do seu amigo, **"Tu deves te apressar!"**

Mas Jesus com muita calma, falou com convicção,
"Ele não irá morrer, acalme seu coração".

Passaram-se mais dois dias, em Betânia aconteceu,
Jesus **"demorou muito"** e seu amigo Lázaro morreu.

Jesus ainda no caminho, não iria se apressar,
pois sabia que seu amigo, iria ressuscitar.

E ao receber a notícia, Jesus se emocionou,
uma lágrima correu, e ali *"Jesus chorou".*

Ele chega a Betânia, vai até Marta e Maria,
dizem-lhe: **"Lázaro está morto!"**, e Ele responde que "Lázaro apenas dormia".

Marta corre ao seu encontro, "Ah! **Se o Senhor aqui estivesse!**
"Ele não teria morrido, nossa alma se entristece".

E Jesus declara então: *"Aquele que acreditar*
"no Cristo filho de Deus, da morte irá despertar".

E Marta então acredita, mas errado ela entende,
todos acham que é o fim, mas Jesus os surpreende.

Sepultado já a quatro dias, cheirando mal já estava,
Marta e Maria então choram, e Jesus determinava:

"Retirem aquela pedra!" Diz Jesus após orar,
"Lázaro, saia agora!" Todos iriam se admirar.

E assim enrolado em faixas, para fora ele saiu,
ouviu a voz de Jesus, e a palavra se cumpriu.

"Retirem de Lázaro as ataduras", Jesus diz ali então,
muitos foram testemunhas, houve grande comoção.

Seu amigo reviveu, da morte ele voltou,
e Lázaro agradeceu, a Jesus ele adorou.

Se em Cristo você estiver, medo não precisa ter,
e mesmo que a morte chegue, **ELE O FARÁ REVIVER.**

Vida eterna Ele lhe dá, basta você acreditar,
sua pedra é pesada, mas Jesus pode tirar.

Jesus um dia chorou, emoção Ele também sentia,
mas Ele nos dará sempre uma esperança, como deu a Marta e a Maria.

Jesus mesmo nos declarou:
"Sem vida você não ficará,
"POIS AQUELE QUE CRER EM MIM, AINDA QUE ESTEJA
MORTO, VIVERÁ!"

41. O CENTURIÃO ROMANO.

**Centurião romano ele era, homem rude, todos o respeitavam,
e todos os seus soldados a ele se sujeitavam.**

Da ajuda de ninguém, nunca ele iria precisar,
achava que seu braço forte sempre fosse lhe bastar.

Ele nos faz lembrar a NAAMÃ, que no Jordão sete vezes mergulhou,
foi a mando de Eliseu, e o Senhor também o curou.

Ambos homens respeitados, e dotados de poder,
mas descobrem que diante da doença, nada sem Deus poderiam fazer.

Semelhanças à parte, em épocas diferentes viveram,
mas nos dois casos eles aprendem, e no único Deus eles creram.

Voltando ao centurião, é dele que vamos falar,
da sua verdadeira fé, em Jesus ele iria acreditar.

Ele tinha uma família, e um servo muito amado,
ele o tinha como a um filho, um rapaz abençoado.

Mas o tempo foi passando, e esse jovem adoeceu,
muito mal ele ficou, e por pouco não morreu.

Essa história é muito linda! Você pode acreditar,
você será mesmo tocado, sua fé vai aumentar.

E esse centurião, homem orgulhoso ele era,
mas a vida nos dá lições, que a gente nunca espera.

Ele já perdia as esperanças, **"A quem eu irei chamar?
"Quem poderá agora, ao meu amado filho salvar?"**

A cidade estava alvoroçada, de certo homem as pessoas falavam,
era um tal de Nazareno, muitos o acompanhavam.

Já havia curado enfermos, pela palavra **Ele** curou,
e este centurião romano, no Nazareno acreditou.

Diziam ser ele um judeu, de Davi sua família,
E este centurião romano foi atrás de sua trilha.

Ele foi à procura do Mestre, não podia se demorar,
seu filho estava piorando, ele tinha que se apressar.

"Sei que judeu eu não sou, mas algo está me dizendo,
"só este homem tem a solução, acho que vou buscá-lo correndo!"

Aproximando-se de Jesus, sua esperança renasceria,
sentia uma grande paz, o seu coração ardia.

"Encontrei então aquele homem, na sua frente eu me pus,
"agora sei o seu nome, o seu nome é Jesus".

Ele me disse: *"O que tu queres?"* Respondi com o coração:
"Meu filho está muito doente, sei que tu és a solução".

E Jesus se prontificou, iria me acompanhar,
Mas eu disse: **"Em minha casa, não sou digno do Senhor entrar,**

"Mas Senhor, eu acredito que uma palavra Sua bastaria.
"Creio que pela Sua vontade, o meu servo sararia!"

Então Jesus declarou, diante daquela multidão:
"Nunca vi tamanha fé, como a deste centurião!"

E o centurião não se continha, muito feliz ele ficou,
jamais iria esquecer o dia que com Jesus encontrou.

Ele ali declara então:
"Jesus me despediu em paz, fui embora aliviado,
"e quando cheguei na minha casa, meu filho havia sido curado.

"E ao chegar em casa fiquei sabendo, que o meu filho melhorou,
"exatamente no momento, em que Jesus comigo falou".

O centurião declarou: **"Em Jesus** eu vou acreditar,
"**ELE** será aminha esperança, a **ELE** vou me entregar".

Nem o centurião nem NAAMÃ, ao povo judeu pertenciam,
mas a voz do Senhor um dia, esses dois homens ouviriam.

Jesus veio para o seus (judeus), mas todo aquele que Nele acreditar,
seja lá você quem for, Jesus estará disposto a lhe salvar.

Basta a você apenas crer, como esses dois oficiais acreditaram,
deixaram o orgulho de lado, e ao Senhor dos senhores se dobraram.

Nós devemos buscar a Jesus, não somente pelo que ELE pode nos dar,
busque Jesus pelo que ELE é, e somente Jesus irá lhe bastar.

42. JOÃO EVANGELISTA NA TEMPESTADE COM JESUS.

"Vamos para o outro lado do mar!" **O Mestre um dia nos convidou.**
Imediatamente embarcamos, e o Senhor nos acompanhou.

"Dos apóstolos eu era o mais jovem, talvez não tivesse muita noção,
"mas caminhar ao lado daquele homem, fazia arder meu coração.

"Em seu peito minha cabeça eu repousava, estando com Ele nada podia nos abalar.
"E o verbo que Ele mais conjugava era sem dúvida, o verbo **AMAR**.

"Tínhamos estado com João Batista que nos orientou a esse homem seguir,
"e um dia no meio da tempestade, nosso amado Mestre iria dormir.

"E no meio do mar da GALILEIA, o vento raivoso ficaria,
"as ondas na embarcação batiam forte, e muita água no barco entraria.

"Nosso desespero era muito grande, eu, Pedro e André a lutar,
"então Tiago correu, e a Jesus foi chamar.

"Parecia que era o fim, nosso barco afundando estaria,
"então Jesus acordou, e aquela situação mudaria.

"Com muita calma Ele nos olhou, e a aquela tempestade Ele iria ordenar,
"ao mar Ele repreendeu, Ele fez o vento se acalmar.

"E Jesus mais uma vez, de todos nós se compadece.
"Questionávamos: **'Quem é esse homem?** Que até o mar a Ele obedece?'.

"Então o Mestre ali nos falou: *'Homens de pequena fé!'*
"Precisávamos ainda conhecer melhor ao homem de Nazaré!

"O meu nome é João, e a Jesus quero lhes apresentar,
"ELE está em nosso barco agora, Ele veio para nos salvar.

"Quem é Jesus para você? Essa resposta eu busquei,
"e quando O conheci de fato, a ELE minha vida entreguei."

Nada eu seria sem Jesus, minha vida sem sentido iria ficar,
isso vale para cada um de nós, ainda há tempo de a ELE buscar.,

....

João nos orientou, cartas ele nos escreveria,
nos revelou Quem é o VERBO, com alegria nos falaria.

A tempestade pode ser forte, talvez você não veja a solução,
mas mesmo que esteja afundando, Jesus irá estender-lhe a mão.

Você não irá se afogar, basta em Cristo acreditar,
fique no barco com Jesus, Ele sempre irá te livrar.

Jesus nunca esteve dormindo, segure agora em Sua mão,
tenha fé, confie Nele, entregue a Ele seu coração.

Seu poder não tem limites, toda e qualquer tempestade Ele pode enfrentar.
Ele é a luz do mundo, Ele veio para nos libertar.

**Confiando em Jesus, deixando nosso barco em Sua mão,
nosso barco é nossa vida, entregue a Ele seu coração.**

**Seu amor é incondicional, por nós Ele morreu na cruz,
hoje nós temos um dono, e o Seu nome é Jesus.**

Fico imaginando esse apóstolo olhando na cruz seu Mestre padecer,
mas ele sabia em seu coração, muita coisa ainda iria acontecer.

Pois a crucificação uma derrota não seria,
porque três dias depois, Jesus ressuscitaria.

E João foi testemunha, o sepulcro vazio ele presenciou,
ficando muito feliz, pois ele entendeu, "Jesus ressuscitou".

Nosso Mestre está vivo hoje, o Alfa e o Ômega Ele é,
nosso amigo e salvador, o Jesus de Nazaré.

43. A FILHA DE JAIRO E A MULHER QUE TINHA O FLUXO DE SANGUE.

**Certo homem chamado Jairo, a Jesus também procurou,
sua filha estava à beira da morte, e Jesus o acompanhou.**

Vamos contar essa história, e como isso aconteceu,
esse homem acreditou em Jesus, mesmo sendo ele um fariseu.

Ele era um príncipe da sinagoga, de Jesus tinha ouvido falar,
sua filha estava muito doente, mas algo o fez acreditar.

Jesus era ali acompanhado por uma grande multidão.
Jairo desejou ir até Ele, sentiu em seu coração.

Jesus tinha vindo do outro lado do rio, na cidade Ele chegava,
e os apóstolos com Ele, Jairo então se aproximava.

O Senhor estava por perto, tinha acabado de chegar,
então naquela cidade, Jairo foi lhe procurar.

Chegando a Jesus ele rogou, em sua casa O quer receber,
assim, Jesus o acompanha, irá dele se compadecer.

E com imposição de mãos, ele queria que Jesus fosse orar,
acreditava que **Ele** a tocando, a sua filha iria sarar.

E no caminho da casa de Jairo, uma multidão a Jesus apertava,
e ali uma certa mulher, com sutileza, de Jesus se aproximava.

Essa mulher tinha uma enfermidade, fazia doze anos que estava a sofrer,
nenhum médico a pôde curar, não sabia mais o que fazer.

Com uma hemorragia ela sofria, e todo seu dinheiro já tinha gastado,
foram inúmeras tentativas, e todas elas haviam falhado.

Mas ela ouviu falar de Jesus, resolveu a Ele buscar,
e mesmo considerada impura, sem medo iria se arriscar.

Ela se infiltrou na multidão, com dificuldade se aproximou,
e depois de muita luta, na orla da veste de Jesus ela tocou.

E no meio daquele povo, Jesus então perceberia,
alguém lhe tocou com fé, e virtude Dele sairia.

Então Dele saiu virtude, alguém com fé em **Jesus** tocou,
e foi um toque diferente, alguém **NELE** acreditou.

E Jesus pergunta a todos: *"Quem me tocou?"*
dirigindo-se ao povo, e um silêncio se instalou.

Os apóstolos ficam confusos, não conseguem entender,
muitos ali lhe tocavam, "O que Jesus queria dizer?"

"Mestre! Essa multidão está ao nosso redor, muitos O tocaram ao passar,
"o espaço é pequeno, não havia como evitar".

Então Jesus explica a todos, Dele virtude ali saiu,
e aquela mulher em questão o amor de Cristo sentiu.

Aquela mulher então se abriu, rasgou o seu coração,
e Jesus carinhosamente, lhe deu toda atenção,

Quando ela tocou na veste de Cristo, virtude a ela foi passada,
e imediatamente essa mulher foi curada.

Ela foi curada pela fé, e ali Deus reconheceu
o esforço daquela mulher, e a bênção a ela concedeu.

Poderiam ali então achar que muito ousada ela seria,
estando com tal enfermidade, se aproximar não poderia.

Mas rompendo todas as barreiras, a Jesus ela quis encontrar,
a lei mosaica ela ignorou, para sua vitória alcançar.

Não se importou com as críticas, esqueceu a sua dor,
arriscou ser até humilhada, mas se encontrou com o Senhor.

Na tradição de Moisés, nem ali ela poderia estar,
mas não teria outra chance, de sua doença curar.

E com a cura obtida, ela olhou para Jesus,
certamente agradeceu chorando, agora ela estará na luz.

Então Jesus a Ela falou: *"Em paz agora podes ir"*,
E, deste modo, dali em diante, ela teve uma razão para sorrir.

**Mais que sua cura física, maior bênção essa mulher conseguiu,
terá Jesus em seu coração, em paz e muito feliz partiu.**

Muitas vezes na nossa vida, questionamos a razão de viver,
então Jesus nos dá um sorriso, imediatamente nos faz entender.

**Essa razão é Ele próprio, nenhum sentido sem Ele haveria,
esse vazio que todo homem tem dentro de si, só Jesus preencheria.**

Nós temos o **Espírito Santo, ELE** é o nosso auxiliador,
nos ajuda em todo tempo, alivia a nossa dor.

E assim como Jesus curou a mulher, que sofria com uma grande dor,
ELE pode também curar você, confie agora no Senhor.

Seja qual for sua enfermidade, física ou espiritual,
tenha certeza de uma coisa: nós servimos a um Deus que é real.

Basta você ir até Ele, esforce-se como aquela mulher se esforçou,
Jesus irá ouvir você, e abençoá-lo como a ela ELE abençoou.

Quebre todas as barreiras, padrões humanos podem querer lhe impedir,
mas como aquela mulher ousadamente insistiu, ousadamente você deve insistir.

Jesus está lhe convidando agora, perceba isso em seu coração,
é algo que o mundo não entende, é muito mais do que **uma simples emoção.**

"A tua fé te salvou"! Jesus então a ela diria,
Ele então a chama de filha, e muito feliz ela partiria.

Ela parte abençoada, desse dia jamais iria se esquecer.
E o presente que Jesus deu a ela, sempre iria agradecer.

....

Não podemos nos esquecer agora, de Jairo estávamos falando,
Jesus estava indo à sua casa, e Jairo, ali, com muita fé aguardando.

Uma história dentro da outra, estamos aqui a lhe contar,
Jesus mesmo nas entrelinhas sempre tem a nos ensinar.

No final vamos entender, essas duas histórias estão ligadas,
elas têm muita relação, várias vidas são tocadas.

**Sabemos que Jesus pode curar, pode devolver a vida a quem já morreu,
pode restaurar sua visão, como fez a BARTIMEU.**

Jesus segue com Jairo, vai a caminho de seu lar,
vai entrar em sua casa, e mais um morto Jesus irá ressuscitar.

Jairo estava preocupado, em sua amada filha ele pensava,
mas tinha Jesus com ele, e esta fé o sustentava.

Quando seu empregado então, a Jairo veio dizer,
"Sua filha já morreu, não precisa mais a Jesus aborrecer!

"Não adianta mais Ele ir, só resta a ti então chorar,
"tudo o que tens a fazer agora, é a sua filha enterrar!"

Nesse momento Jairo chorou, sua filha ele perderia,
ele por consequência olha para Jesus, e em seu olhar ele clamaria.

Jesus ouviu aquele comentário, e para Jairo ELE vai dizer,
"Não perca suas esperanças, a sua filha irá viver!

"Ela somente dorme agora, mas a menina irá despertar.
"Vamos agora para sua casa!" E a Jesus todos irão acompanhar.

Jesus faz uma recomendação, Pedro e Tiago com Ele iriam,
além de João e os pais da menina, somente esses entrariam.

E na casa de Jairo chegando, muitas pessoas ali esperavam,
sabendo que a menina jazia, já não mais acreditavam.

Mas Jairo, o príncipe da sinagoga, em Jesus acreditou,
manteve firme a sua fé, e no quarto com Jesus ele entrou.

E lá estava a menina, na sua cama deitada sem respirar,
nela não mais havia vida, mas uma luz ali iria brilhar.

Jairo havia visto na rua aquela mulher Jesus curar,
e a sua fé foi renovada, ele não iria desanimar.

E do lado de fora muitas pessoas, de Jesus rindo estavam,
duvidavam em seu coração, alguns até debochavam.

Outros até sabiam que Jesus podia curar,
mas a menina já tinha morrido, não poderia ressuscitar.

ELE é o filho de **Deus**, foi **ELE** quem nos criou,
a morte não tem poder sobre **ELE**, nossas vidas **ELE** restaurou.

**Hoje também em nossos dias, muitos de Jesus irão zombar,
querem viver por si mesmos, não conseguem acreditar.**

Mas eu e você acreditamos, a **Jesus** iremos obedecer,
Nele nós sempre esperamos, sem **Ele** não podemos viver.

Jairo também entendeu, sua esperança em Cristo depositou,
foi a escolha que ele fez, e Deus o abençoou.

E Jesus já naquele quarto, para a menina Ele então olhava,
Jairo e sua esposa chorando, e na mão da menina Jesus segurava.

E nesse momento então, mais um milagre aconteceria,
e àqueles que riam lá fora, a esses Jesus mostraria.

Hoje muitos riem lá fora, ignoram o Salvador,
negam sua divindade, e recusam o seu amor.

Naquela casa, naquele quarto, algo sobrenatural aconteceria,
Jesus, o filho de Deus, o seu poder manifestaria.

Sua glória é mostrada às pessoas, a Graça de Deus ali abundou,
a menina irá viver, Jairo desde o começo acreditou.

E Jesus diria, assim: *"Levanta menina agora!"*
E a menina se coloca de pé, enquanto sua mãe chora.

E nos braços de seus pais, a menina com vida estaria,
Jairo chora aliviado, a Jesus agradeceria.

"TALITA CUMI!" em aramaico Jesus falou,
e a menina que ali então dormia, a voz do Senhor escutou.

Doze anos essa menina tinha, única filha do fariseu,
e mais do que a vida da filha, a visita de Jesus Jairo recebeu.

Convide também a Jesus, para a sua casa Ele visitar,
e Ele chegando à porta, convide-o para entrar.

**Seja qual for sua doença, Jesus pode lhe curar,
e se espiritualmente você estiver morto, Jesus também pode lhe ressuscitar.**

Relacionando esses dois milagres, dois dramas, duas histórias de fé,
duas pessoas que acreditaram em **Jesus de Nazaré**.

Uma mulher que sofria por doze anos, e a menina com doze anos que iria morrer,
mas tanto uma como a outra, a Jesus iriam conhecer.

Ambas foram abençoadas, uma segunda chance Jesus a elas deu,
mudança de um triste cativeiro, **a cura e a vida Jesus concedeu.**

E aquela mulher do "fluxo de sangue" as regras ali quebrou,
ela foi até Jesus, e Ele então a curou.

Apesar de pela lei dos judeus, não poder ali circular,
ela tomou uma atitude, e ousadamente de **Jesus** quis se aproximar.

E Jairo, como fariseu que era, com seus pares não se importou,
e pelo amor que tinha pela filha, a **Jesus** também procurou.

Ponha **Jesus** sempre à frente, circunstâncias não devem importar,
mesmo que alguém o desanime, a **Ele** você deve buscar.

Ele sempre terá a resposta, sempre terá a solução.
Jesus o ama e está lhe esperando, entregue a Ele seu coração.

44. O JOVEM RICO.

Certa vez um príncipe judeu, em sua comitiva seguia,
ele se encontra com Jesus no caminho, que para Jerusalém ali subia.

Esse príncipe ainda era jovem, de Jesus já tinha ouvido falar,
muito feliz ele ficou, não esperava o encontrar.

E Jesus com seus apóstolos, acompanhado ali estava.
quando esse certo príncipe, a Ele então abordava.

Um encontro no caminho, com Jesus iria se deparar,
seria um grande privilégio, com o Senhor poder falar.

Falar olhando nos olhos, sabendo quem **ELE** é,
imagine ali na sua frente, **o JESUS DE NAZARÉ.**

Momento único na sua vida, outra chance talvez não teria,
chance de receber o céu, porém esse jovem desperdiçaria.

Ele para na frente de Cristo, e começa a lhe falar,
ele quer uma resposta simples, e então vai perguntar.

"**Bom Mestre**, como eu devo fazer?"
"Diga-me, Senhor, agora, para a vida eterna eu obter?"

"Responda-me, Jesus! Quero ouvir o Senhor falar.
"Diga-me, Senhor, como eu posso no céu entrar?"

"Por que me chamas bom?" Jesus lhe responderia,
"Não existe homem bom na terra", ao jovem, Jesus diria.

"Chama-me de bom com seus lábios, chama-me de bom sem entender,
"mas agora vou te explicar, agora Eu vou te responder.

"Só existe um bom que é Deus, e no céu Ele está,
"o homem, por mais que se esforce para ser bom, jamais conseguirá."

E Jesus a esse jovem falava, conhecendo seu coração,
Jesus a ele amou, e lançaria uma questão.

"Não mate, não adultere, honre pai e mãe e nem pense em roubar,
"ame a Deus acima de tudo e o céu você irá herdar."

E diante dessas palavras, esse jovem se alegrou,
achava que estaria apto, e se autojustificou.

"Tudo isso eu já tenho feito, não preciso então me preocupar,
"Basta eu continuar vivendo, e a vida eterna aguardar."

E assim, Jesus lhe diz, um desafio lhe lançou,
o rapaz se preocupa, tal palavra o assustou.

Esse homem não esperava, de Jesus aquilo escutar,
entre a cruz e a espada esse príncipe iria ficar.

Então o Mestre a esse jovem falou:

"Vende tudo que tens, e aos pobres darás,
"e depois de ter feito isso, tu então me seguirás."

Esse príncipe triste ficou, pois muito rico ele seria,
e a possibilidade de tudo perder, muito lhe atormentaria.

Desta forma, olhando para Jesus, sua cabeça ele baixou,
retirou-se devagar, **de Jesus se afastou**.

Afastar-se de Jesus é como ficar sem respirar,
a vida plena somente vem Dele, não há mais onde procurar.

Certa vez, Pedro falou: "Outro caminho não haveria,
"o que o Senhor pode nos dar, jamais em outro lugar se encontraria".

Aquele homem perdeu a chance, de muito mais rico ficar,
acumularia tesouros no céu, e em Cristo iria se salvar.

Muitos tesouros na terra, a traça e a ferrugem corroerão,
saiba, onde estiver seu tesouro, ali estará também seu coração.

Deixar aquele homem pobre, de Jesus não era a intenção,
na verdade Jesus só queria, pôr à prova seu coração.

Ver qual seria sua escolha, abrir mão dos bens materiais,
e se tivesse dito **"SIM"**, herdaria os celestiais.

Esse jovem perdeu a grande chance, da vida eterna obter,
ficando ao lado de Jesus Cristo, para sempre iria viver.

"Abra mão de tudo e me siga"! Foi o que disse a ele Jesus,
O Mestre diz o mesmo para nós hoje, *"Escolha entre as trevas e a luz!"*.

Olhe agora para a cruz, Jesus ali seu sangue derramou,
lavou todos os nossos pecados, naquela cruz Jesus nos salvou.

Jesus não quer os seus bens, você pode acreditar,
Ele só quer que você O coloque sempre em primeiro lugar.

"É mais fácil um camelo no fundo de uma agulha passar,
do que um homem rico no reino do céu entrar".

São palavras de Jesus, bem entendidas devem ser,
pois para entrar no reino do céu, deve-se a ELE obedecer.

Ele nos faz uma promessa, coisas aqui na Terra **ELE** pode nos dar,
mas lá no tempo vindouro, com muito mais "coisas" **ELE** irá nos presentear.

Aquele jovem não entendeu, seu coração em seus bens colocou,
para Jesus ele virou as costas, sem o **BOM MESTRE** ele ficou.

**A vida eterna não é comprada, pela fé a alcançaremos,
se acreditarmos no Senhor, no céu com ELE um dia estaremos.**

É muito fácil entender, pela graça, salvos serão,
entregue-se a **ELE** agora com fé, e terá o seu galardão.

Se Cristo pedir pela sua vida, ou algo que para você tenha muito valor,
não faça como aquele jovem, entregue-se inteiramente ao Senhor.

**ELE é o dono do ouro e da prata, muito aqui pode nos dar,
mas o nosso maior presente será o céu poder herdar.**

45. O FILHO PRÓDIGO.

**Um homem muito rico tinha dois filhos que com ele ali moravam,
cada um com seu temperamento, e de tudo que o pai tinha, desfrutavam.**

Então, um dia o mais jovem pensou: "Quero sozinho minha vida levar!",
pede ao seu pai sua parte na herança, e dessa boa casa resolve se mudar.

E aquele pai muito se entristeceu, sentiu no peito uma grande emoção,
ele atende ao pedido do filho, com "uma grande dor em seu coração!"

E esse jovem com o seu dinheiro, "vida boa" deseja levar,
vai para outro lugar bem distante, pensando apenas em desfrutar.

Uma vida dissoluta ele levaria, com o futuro não se preocupou,
gasta com bebida e meretrizes, no seu pai ele não mais pensou.

Vida desregrada ele levava, sempre em busca do prazer,
egoísmo abundante, só queria dormir, comer e beber.

Ninguém mais para lhe aconselhar, da velha casa não mais se lembrou,
e numa vida de deleites, esse jovem se acomodou.

Mas o dinheiro foi acabando, e ele não perceberia,
e quando então se deu conta, não tinha mais nenhuma economia.

E agora o que fazer? Ele terá que trabalhar,
ir em busca de um emprego para poder se sustentar.

Naquela terra muitos passavam fome, seu estômago então doía,
não tinha mais o alimento, o que ele então faria?

Então conhece um certo homem, e muitos porcos este criava,
Conseguiu, assim, trabalho, e dos porcos ali cuidava.

Quase nada ele ganhava, mal dava para se alimentar,
e as bolotas que os porcos comiam, ele chegou a desejar.

Era muita humilhação, e ele estaria a perceber,
todo o mal que havia feito, **"ele começava a se arrepender".**

Da casa grande que vivia, ele começa a se lembrar,
quando tinha boa comida, para poder se alimentar.

De seu pai ele se lembra, e de tudo que ele lhe falava,
cama quente e alimento, nada disso lhe faltava.

Então esse jovem pensou, desejou à casa voltar,
"Quem sabe como um de seus empregados, meu pai poderia me aceitar?".

E o rapaz parte então, longa viagem de volta faria,
de onde nunca deveria ter saído, ele então retornaria.

E no meio do caminho, ele poderia pensar:
"Eu desprezei o meu pai, ele não irá me perdoar!"

Mas quando seu pai o vê chegando, de longe o avistou,
ele corre ao seu encontro, e de pronto o abraçou!

E o filho se prostra então, e chorando ali falou,
ele ao pai pediu perdão, e seu pai o perdoou.

Como empregado quis ser recebido, mas seu pai não concordaria,
ele o amava como filho, e como filho o receberia.

"Irei te receber de volta. Oh, meu filho, filho meu!
"Estou muito feliz agora, tu estavas morto e reviveu!"

Roupas novas seu pai manda buscar, as sandálias ali preparou,
recebeu seu filho com honras, aquele jovem então ele amou.

Um banquete é preparado, uma festa o pai faria,
o filho que estava perdido, hoje então retornaria.

Um novilho mandou matar, e todos iriam ver,
a alegria daquele pai, ao seu filho amado receber.

E esse jovem arrependido com muita alegria ficou,
seu pai não somente o aceitaria, mas a ele o pai honrou.

Ele deve ter pensado "Meu irmão, onde estaria?
"Participando dessa festa, estar aqui deveria".

E o filho mais velho ia chegando, a grande festa percebeu,
na casa não quis entrar, seu coração endureceu.

A seu pai ele indagou, não conseguia se conformar,
"Depois de tudo o que ele fez, uma festa o senhor vai lhe dar?

"Estive aqui por todo o tempo, ao seu lado sempre fiquei,
"por mim, o senhor nunca matou um cabrito, agora eu me indignei!"

E seu pai lhe explica então: "Não consegue perceber?
"Tudo isso já é seu, você deve entender.

"Quantos cabritos quiser, você sempre poderá matar,
"tire o orgulho de seu coração, e aprenda a perdoar!

"Como eu amo a seu irmão, a você sempre amarei,
"da mesma forma que o perdoo, a você sempre perdoarei!

"Basta você entender, e para mim agora se voltar,
"venha na minha direção, e eu também irei lhe abraçar!

"Seu irmão estava morto, e para vida ele retornou,
"ele se arrependeu, e à casa do pai ele voltou."

Seu filho a cabeça baixou, uma resposta não daria,
mostrava indignação, quem sabe um dia entenderia?

Da mesma forma os judeus, não conseguiram enxergar
que o Messias que tanto esperavam, ajudaram a crucificar.

Como aquele filho mais velho, quem sabe um dia entenderão,
bastaria olhar para Jesus e abrir o coração.

Muitos homens são assim e não conseguem entender,
seus corações são como pedra, é difícil reconhecer.

O orgulho ali falou mais alto, vendo seu irmão ser honrado,
deveria ter humildade, **e também seria abraçado.**

Muitos homens nesse mundo acham que podem sem o pai viver,
o orgulho, a soberba, a arrogância, um dia irão se arrepender.

E mais importante que o pai terreno, o Pai Celestial está à disposição,
devemos exercitar a humildade, e entregar a **ELE** nosso coração.

Não espere ser muito tarde, busque enquanto se pode achar,
porém chegará o dia, que não será mais possível **O** encontrar.

Muitos valorizam seus próprios méritos, acham **que de ninguém irão precisar**, até que as dificuldades chegam, então começam a pensar.

Ambos os filhos erraram, o que foi e o que ficou,
mas a atitude correta teve aquele que para o pai olhou.

Olhe para o **Pai agora**, na sua casa você deve estar,
vá a **Ele** antes que seja tarde, **Ele** quer lhe abraçar.

Não aceite as bolotas dos porcos, um alimento melhor você deve buscar,
esse alimento só poderá vir do Pai, e Ele se alegra em poder lhe dar.

O filho mais jovem voltou para casa, voltou a tempo de poder entender,
que fora da casa do pai é impossível sobreviver.

E quando o coração é duro, o olho não consegue enxergar,
não se percebe as coisas mais simples, fica difícil então perdoar.

Essa história termina aqui, e vamos ficar sem saber,
se o coração do filho mais velho viria a amolecer.

De uma coisa nós temos certeza, a ambos o Pai ali amou,
tanto o mais velho como o mais novo, Cristo na cruz perdoou.

E hoje nós temos a esperança, um dia Jesus virá nos buscar,
e no céu toda a Sua glória, nós iremos poder contemplar.

46. O BOM SAMARITANO.

Vamos contar aqui uma história, uma história de compaixão,
de alguém que se importou com seu próximo, essa história vai tocar seu coração.

Iremos falar de Jesus, como em todas as histórias aqui falamos,
olhando sempre para o Senhor, em quem nossas esperanças depositamos.

Aqui **ELE** nos dá mais um exemplo de como devemos nos comportar,
"Como você poderá amar a Deus, se ao seu próximo não consegue amar?"

Certa vez Jesus falava a uma grande multidão,
ali haviam doutores da lei sempre querendo uma explicação.

Estes questionavam a Jesus, **NELE** se recusavam a acreditar,
tinham o coração duro, tendência a se justificar.

E um desses "doutores" ali falou: **"Mestre, tu podes nos dizer?
"Se eu quiser herdar a vida eterna, o que tenho que fazer?"**

A resposta seria simples, na Escritura estaria,
mas ouvir a voz de Deus, esse homem não queria.

Mesmo assim Jesus falou, sabiamente iria explicar,
disse ali em poucas palavras como a vida eterna devemos herdar.

E este fariseu respondeu, legalista ele seria,
relatou para Jesus o que nas Escrituras ele lia.

"Está escrito na lei, Moisés nos orientou,
"ele disse então a cada homem, o que Deus a ele falou

"**Amarás ao Senhor teu Deus, de todo o teu coração**",
Mas deveria ser um amor sincero, e não apenas somente emoção.

E o fariseu continuou dizendo, e a Escritura mencionar,
como então deveria ser, mas longe de praticar.

E um trecho da Escritura ele citou, do Mestre queria saber,
uma dúvida que ele tinha, "O que Jesus vai então dizer?"

"*De toda tua alma, de toda tua força, de todo teu entendimento a Deus amarás,*
"*e ame ao teu próximo como a ti mesmo, e a vida eterna tu herdarás.*"

**Eram palavras bonitas e verdadeiras, mas deveriam ser praticadas,
mas na vida de muitos doutores, na prática eram desprezadas.**

**Está escrito no Pentateuco, para Moisés foi o próprio Deus quem ditou,
e Jesus não só confirmou essa palavra, mas também a praticou.**

E o Senhor foi objetivo, e diante daquela hipocrisia,
disse a ele **"Faça isso!"** e então ele viveria.

Uma grande lição nesse momento, Jesus iria então nos dar,
contaria uma comovente história, que a todos nós iria impactar.

O doutor da lei questionou, mais uma pergunta ele faria,
"Quem seria o meu próximo?" E Jesus responderia.

**Jesus começa uma narrativa, todos atentos iriam ficar,
eles sabiam que ao final, a resposta Jesus iria lhes dar.**

O Mestre começa a falar: *"Prestem muita atenção",*
eles teriam a resposta, daquela tendenciosa indagação.

"Havia então certo homem, que uma viagem iria fazer,
"ele saía de Jerusalém, e para Jericó iria descer.

"Ele tinha algumas economias, e então ali partiria,
levou também alimentos, que durante a viagem comeria.

"Surpreendido no caminho, ele não poderia esperar,
"salteadores implacáveis e covardes, a ele iriam roubar.

"Não apenas a ele roubariam, quase sua vida eles tiraram,
"bateram muito nesse homem, e por pouco não o mataram."

Ficamos então imaginando aqueles momentos de muita dor,
caído à beira da estrada, sem ter um consolador.

Homem bom, pai de família, na esposa estava a pensar,
talvez meio inconsciente, não podia se levantar.

Ao Senhor ele clamava, nova chance ele pedia,
talvez pensasse em seus filhos, talvez nunca mais os veria.

Era um local isolado, quem poderia ali aparecer?
"Senhor! Manda-me um anjo agora, não me deixe aqui para morrer!"

E Deus não estava alheio, **ELE** via aquela situação,
a seu tempo e a sua maneira, o Senhor daria a solução.

Prestem muita atenção, agora no que vai acontecer,
o improvável se apresenta, e todos nós iremos aprender.

Esse homem à beira da estrada, machucado, caído, com muita dor,
Deus começaria a agir, manifesto será o amor.

E um certo sacerdote "honrado" por ali passava,
vê aquele homem no chão, e a ele ignorava.

Talvez ele tenha pensado **"Eu não posso me atrasar,
"sou homem ocupado, e das coisas de Deus tenho que cuidar"**.

Passando direto então, o sacerdote não se preocupou,
ele viu o homem caído, mas a ele não ajudou.

Parecia que estava tudo perdido, esperança não mais havia,
tudo estava indicando, que ali mesmo aquele homem morreria.

Mas à beira do caminho, outra pessoa surgiu,
um levita que viajava, aquele homem caído também viu.

Assim como o sacerdote, o levita reto passou,
tinha também seus compromissos, com o homem não se preocupou.

Talvez ele tenha também pensado **"Eu não posso me atrasar,
"sou homem ocupado, e das coisas de Deus tenho que cuidar"**.

Foi o mesmo argumento que o sacerdote apresentou,
enganando a si mesmo, e ao pobre homem não ajudou.

Parecia que era o fim, apenas a morte esperar,
mas Deus nunca se atrasa, para aquele homem iria então olhar.

Assim, uma terceira pessoa, por esse caminho passaria,
seria um samaritano, **e esse o ajudaria.**

**A pessoa mais improvável talvez possa ajudar,
quando você achar que é o fim, Deus irá então lhe mostrar.**

E este bom samaritano com íntima compaixão se moveu,
e aquele homem ferido, **ESTE** homem socorreu.

Atou as suas feridas, o azeite derramou,
curativos necessários, e depois o carregou.

O coloca em sua montaria, o tira daquele lugar,
lugar onde pensou que iria morrer, **mas o Senhor o iria livrar.**

E prosseguindo a viagem, o samaritano o levaria
a uma estalagem segura, e lá dele cuidaria.

E no dia seguinte, o samaritano de partida então o abraçou,
mas não o deixaria só, **ALGUÉM** dele ali cuidou.

Da mesma forma que Jesus, quando para o céu então subiu,
nos deixou outro em seu lugar, nosso futuro ele garantiu.

Deixou-nos o Espírito Santo, que iria nos orientar,
não estaríamos sozinhos, de nós **ELE** iria cuidar.

E aquele samaritano orientaria o hospedeiro
faz recomendações e também deixa algum dinheiro.

"Cuide muito bem desse homem, até sua ferida sarar,
"não podemos, em nenhum momento, a esse viajante abandonar.

"Se gastares além da conta, para a vida dele manter,
"não precisa se preocupar, EU pagarei tudo o que exceder!

"E quando eu voltar", o samaritano então diria,
lembrando da mesma promessa que Jesus um dia nos faria.

E ao final dessa história, Jesus a resposta nos deu,
"Quem será o nosso próximo?" Ao doutor da lei também respondeu.

"Vá e faça da mesma maneira", essa é a resposta certa.
Palavra de Deus que cura, palavra de Deus que liberta.

Aquilo que Moisés escreveu, nós devemos acreditar,
mas se você passar direto pelo seu PRÓXIMO, de nada irá adiantar.

Jesus curou nossas feridas, de um caminho de morte ELE nos tirou,
nos deu uma nova esperança, a nossa alma ELE salvou.

ELE subiu então para o céu, mas deixou o Consolador,
nós temos o Espírito Santo, que age sempre a nosso favor.

Não tema os salteadores, eles vão querer sempre lhe roubar,
mas a sua alma é de Cristo, o inimigo nunca nela poderá tocar.

E se encontrar alguém caído no caminho, estenda a sua mão,
ajude como foi ajudado, ouça a voz do seu coração.

Fico imaginando aquele viajante, curado, à sua casa podendo retornar,
rever sua família, filhos e esposa e poder de novo os abraçar.

E jamais se esqueceria do Bom Samaritano que um dia o ajudou,
que o viu caído no caminho e para sempre o amou.

Quem é o Bom Samaritano dessa história? Você pode perguntar,
essa resposta nós já tivemos, da paz de Cristo vamos desfrutar.

**Nossas feridas foram saradas, na cruz por nós ELE morreu,
mas hoje Jesus está vivo, e a vida eterna ELE nos deu.**

47. A VIÚVA DE NAIM.

**Uma cidade pequena ao sul de CAFARNAUN ficava,
uma mulher virtuosa, viúva, ali habitava.**

Essa mulher tinha um filho, e muito jovem ele seria,
mas certo dia, inesperadamente, o seu filho morreria.

O amor de uma mãe é difícil de explicar,
vendo seu único filho morto, muito ela iria então chorar.

Era uma cidade muito pobre, pouca gente ali habitava,
era pouco conhecida, **"NAIM" essa cidade se chamava.**

Porém, naquela manhã, um visitante ilustre haveria,
ELE chegaria na cidade, mas ninguém ainda sabia.

E aquela viúva angustiada, sem esperança já estava,
perdia a razão de viver, nada mais lhe importava.

E vendo seu filho morto, agora teria que o enterrar,
um momento de muita dor, mas ela tinha que suportar.

Ela ficava lembrando de seu filho correndo a sorrir,
e a tristeza de saber que isso, não iria mais se repetir.

E o cortejo então prosseguia, e as pessoas acompanhando,
o menino, ali naquele esquife, ela não estava acreditando.

Já perdera seu marido, só restava a criança,
e com seu filho partindo, acabava sua esperança.

Certamente tinha planos, de ver seu filho crescer,
vê-lo bem, sempre sorrindo, a cada novo amanhecer.

Nós entramos na história, dá vontade de ajudar,
mas não há muito o que fazer, apenas podemos a Deus clamar.

E o enterro então seguia, a sepultura esperava,
mas algo iria acontecer, coisa que ninguém ali imaginava.

Isso tudo aconteceu, uns dois mil anos atrás,
vamos viajar no tempo agora, acredite, você é capaz!

E então naquele dia, alguém chegava à cidade,
alguém que trazia a paz, **Ele** trazia a felicidade.

Vamos nos imaginar ali, a alguns metros, apenas observando
vendo um homem ali chegar, e daquela mãe se aproximando.

O homem então se aproxima, Ele trazia uma luz,
sabemos quem era esse homem, **esse homem é Jesus**.

E ali uma grande multidão a Jesus acompanhava.
Ele se aproxima dessa mãe, que muito ali chorava.

Assim, duas grandes multidões, nas ruas de NAIM se encontrarão,
e ali cada uma delas, irá tirar uma lição.

Um grupo acompanhava a morte, o outro **A VIDA SEGUIA**,
a **VIDA** seria Jesus, a **VIDA** ali se daria.

E o Senhor naquela manhã, se moveu de íntima compaixão,
olhou para aquela mulher, viu a dor em seu coração.

"Por que tu choras?", pergunta Jesus, algo estranho para se dizer,
pois a viúva tinha acabado de seu único filho perder.

Mas a pergunta faz sentido, pois o choro iria acabar,
seu filho iria reviver, ele iria ressuscitar.

**O cortejo havia parado, e no esquife Jesus tocou,
Ele tocou também no menino, e o menino, então, se sentou.**

E diante da multidão que admirada ficaria,
o menino reviveu, o menino ali falaria.

Jesus o pega nos braços, e para sua mãe o entregou,
uma felicidade imensa, **de alegria agora ela chorou.**

O temor se apoderou dos presentes, a Deus eles glorificaram,
"Um Profeta se levantou", em Jesus acreditaram.

**O cortejo ali se acabou, não há mais ninguém para enterrar,
Jesus deu ali a vida, e uma nova vida ELE quer nos dar.**

**A morte JESUS venceu, primícias da ressurreição ELE seria,
quando morreu naquela cruz, nova vida nos daria.**

Esperança renovada, a viúva percebeu
que diante de seus olhos, um milagre aconteceu.

Um presente maravilhoso ela estava ali a receber,
levar agora seu filho para casa e poder vê-lo crescer.

Mas o melhor presente seria a Jesus poder contemplar,
entregar sua vida a **ELE**, e a **ELE** poder adorar.

Não seria por acaso que Jesus em NAIM passava,
Ele sabia que alguém ali do seu amor precisava.

**Não somente pela viúva, ou pelo seu filho que viveria,
mas muitos dos que estavam presentes, a vida Deus lhes daria.**

**Sempre haverá um propósito, onde Jesus tiver que passar,
Ele passa por você agora, convide-O a lhe aceitar.**

Mais do que a vida da carne, o espírito tem que viver,
sem Jesus ele estará morto, nada poderá se fazer.

O Espírito vivifica, Jesus será sempre a cura,
e sem a palavra que liberta, o homem estará na sepultura.

É como uma morte em vida, é como viver sem desfrutar,
todo espírito estará morto, se a Jesus não se entregar.

Mas mesmo voltando ao pó, se em Cristo você permanecer,
poderá continuar em paz, Jesus vai fazê-lo viver.

Para aquela mulher de NAIM, perdido tudo parecia,
mas encontrou Jesus no seu caminho, então uma luz para ela brilharia.

Somente trevas à sua frente, viúva, com seu filho a sepultar,
mas Jesus se compadeceria dela, o seu cativeiro iria mudar.

Não seria a primeira vez que um morto Jesus ressuscitou,
ressuscitará todos que morrerem em Cristo, foi **ELE** mesmo que nos falou.

Será no Arrebatamento, os escolhidos subirão,
você poderá ser um deles, basta entregar a Jesus o seu coração.

**Jesus está no seu caminho, na sua porta a bater,
vamos abrir nossa porta e ao Senhor dos Senhores receber.**

48. BARRABÁS OU JESUS?

E diante de Pilatos, aquele julgamento acontecia,
nosso Mestre ensanguentado, muita dor ali sentia.

Os céus e o inferno contemplavam, aquele momento crucial,
o ser humano ainda não entendia, a luta do bem contra o mal.

Mas Deus estava no controle, tudo aquilo tinha que acontecer,
parecia que seria o fim, mas o bem iria prevalecer.

Um certo governador romano achava que tinha o poder,
Pilatos, homem arrogante, daria seu parecer.

E Jesus à sua frente, depois de muito apanhar,
interrogado por ele, iria então lhe falar:

"Nenhum poder tu terias" e atento Pilatos ficou
"Se meu Pai não tivesse te dado", e aquele homem suas mãos lavou.

Porém, antes da condenação, Pilatos mandaria buscar
um bandido perigoso, e o povo começaria a gritar.

Barrabás era seu nome, por homicídio ele preso estava,
este também seria morto, mas seu destino ali então mudava.

Pilatos manda o povo escolher: "A qual dos dois devo soltar?"
O povo grita "Barrabás!". Mandam a Jesus crucificar.

Era costume pela páscoa, um prisioneiro ser perdoado,
Barrabás seria, assim, solto, e Jesus crucificado.

E aquelas pessoas ali manipuladas então seriam.
Os fariseus e sacerdotes ao povo influenciariam.

Ainda nos dias de hoje, muitas pessoas não sabem escolher,
se deixam manipular, um dia irão se arrepender.

Não querem Cristo em suas vidas, no mundo preferem ficar.
Só buscam gozo e deleites, "Barrabás, mandam soltar!"

Pensativos ficamos então, voltando àquela manhã fria,
Aquele bandido no cárcere, Barrabás não imaginaria.

Condenado à morte ele estava, sua esperança havia acabado,
sabia que pelos seus crimes, ele seria crucificado.

Não passava pela sua cabeça, que alguém morreria em seu lugar,
não imaginava ter uma nova chance, uma nova vida para desfrutar.

Ele já ouvira falar de Jesus, aquele homem que aos doentes curava,
"Por que Ele estaria preso?" a si mesmo perguntava.

Barrabás era cruel, vidas já havia tirado,
e no seu lugar naquele dia, um justo seria crucificado.

A história vem então nos dizer, que ele teria depois entendido,
e olhando para Jesus naquela cruz, teria então se convertido.

Mas a lição que tiramos aqui, é muito fácil de entender,
"Barrabás é cada um de nós", naquela cruz NÓS deveríamos morrer.

Jesus morreu por Barrabás, morreu por toda humanidade,
naquele dia houve trovões, veio uma grande tempestade.

Jesus tomou nosso lugar, nossos pecados Ele perdoou,
pelo seu sangue derramado na cruz, o Messias nos salvou.

Pilatos lavou suas mãos, da responsabilidade tentou se esquivar,
muitos lavam suas mãos hoje, não querendo para Jesus olhar.

**Barrabás iria morrer, na cruz seria então pregado,
mas Jesus tomou seu lugar, e no NOSSO lugar foi crucificado.**

Jesus, o Cordeiro de Deus, em nosso lugar morreria
e pelo seu imenso amor, a vida eterna nos daria.

Aquela cruz era para nós, nenhum ser humano poderia se salvar.
Mas Jesus nos absolveu, morrendo ali no nosso lugar.

Na cruz, antes de morrer, Jesus com um brado declarou:
"ESTÁ CONSUMADO!" e o véu do templo assim se rasgou.

Quando o véu do templo se rasga, grande significado isso teria,
acesso direto ao "Santo dos santos" o ser humano através de Jesus agora teria.

**Hoje Jesus está vivo, no terceiro dia ELE ressuscitou,
ainda está de braços abertos, e a muitos "Barrabazes" ELE salvou.**

49. As últimas horas de Jesus/homem.

Com seus discípulos havia ceado, no GETSÊMANI agora Ele estava,
orava ao Pai, suava sangue, a cruz então o esperava.

"Se possível!" Jesus dizia, daquele cálice se apartar,
mas a vontade do Pai prevaleceu, e Jesus iria aceitar.

Traído por quem Ele amava, doía seu coração,
mas apesar de toda essa dor, Jesus nos daria o seu perdão.

Pedro, Tiago e João, ali próximos estavam,
deveriam estar orando juntos, mas seus olhos cansados se fechavam.

Então, pouco antes do amanhecer, armado o inimigo chegaria,
o traidor viria na frente e a Jesus ainda beijaria.

"A quem vocês procuram?" Jesus perguntou.
As trevas se manifestam, e o fariseu assim falou:

"Queremos Jesus de Nazaré!" e Jesus respondeu:
"E U S O U!", e a multidão, impactada, então se afastou.

E aquelas pessoas ali sentiram temor, porém Jesus se deixaria prender,
"Já lhes disse que sou EU!", e o Mestre então vai se render.

Pedro tenta reagir, a orelha de MALCO iria cortar,
Mas Jesus o repreende, e àquele homem ainda iria curar.

"Se eu quisesse agora, muitos anjos meu pai me mandaria!"
Mas o pastor deveria ser tirado, e a Escritura então se cumpriria.

Jesus é levado ao sumo sacerdote, CAIFÁS ele se chamava,
e esse homem interroga Jesus, do Senhor ele debochava.

Depois levado a Pilatos, muito Jesus iria apanhar,
colocam-lhe uma coroa de espinhos, agora "ROMA" o vai interrogar.

E Pilatos com muita arrogância, a Jesus vai dizer,
"Tenho poder para te soltar, eu poderia te absolver!"

E Jesus lhe respondeu: *"Nenhum poder você teria*
"Se não fosse dado pelo Meu Pai", e Pilatos então perguntaria:

"Você é o rei dos Judeus?" *"Tu o disseste!",* Jesus falou,
Pilatos fica apreensivo, e as suas mãos então ele lavou.

Antes disso, ele fez uma oferta, deixaria o povo escolher:
soltar Jesus ou Barrabás? Deste modo, ele irá se surpreender.

Incitada pelos fariseus, a maioria se acovardou,
o povo escolheu Barrabás, e o próprio povo a Jesus condenou.

Uma inversão de valores, o "inimigo" ali aplaudia,
O Mestre morreria numa cruz, mas depois ressuscitaria.

Agora o caminho era o calvário, aquela cruz Jesus iria carregar,
teve a ajuda de Simão Cirineu, e com muita dificuldade se pôs a caminhar.

E chegando ao monte caveira, os soldados o pregaram na cruz
suas mãos são perfuradas, muita dor ali sentiu o nosso Rei Jesus.

E o sangue de um justo começa a escorrer, muita dor Jesus ali suportou,
o peso dos nossos pecados naquele dia o Senhor carregou.

Uma dor que o entorpece, é muito difícil transcrever,
levantam Cristo naquela cruz, mesmo sem Ele merecer.

E outras duas cruzes também ali estavam, e dois malfeitores também morreriam,
e em cada detalhe naquela tarde, as Escrituras se cumpririam.

E um daqueles criminosos para Jesus então falaria,
"Você não é o filho de Deus?", do **Senhor** este zombaria.

Porém, o outro malfeitor com humildade falou:
"Lembra-te de mim, Senhor!" E Jesus a este então perdoou.

Mas a dor que mais lhe doía, vou agora ratificar,
era o peso dos nossos pecados, que Jesus estava a carregar.

O momento se aproximava, o Messias iria morrer,
e todo o Universo sentiria, começava a escurecer.

E bem próximo da nona hora, Jesus emanava o perdão,
"Pai, eles não sabem o que fazem!" Batia forte seu coração.

E em um último suspiro, seu espírito ali Jesus entregou,
"LAMÁ SABACTAMI!" Sua cabeça então tombou.

Nesse momento as trevas se manifestavam, e a luz não podia mais se ver,
o Véu do Templo se rasgava, Jesus acabara de morrer.

Então, um certo centurião, aos pés da cruz reconheceria,
"Ele era mesmo o filho de Deus!", em alta voz ele falaria.

Estava então consumado, o cordeiro teria que morrer,
e por um propósito divino, a salvação iria nos conceder.

Parecia que era o fim, mas ali apenas tudo começaria,
Jesus iria ressuscitar, e para o encontro com o PAI ELE iria.

Mas antes de subir aos céus, com suas ovelhas o pastor falou,
nos deu toda a orientação, e a todos nós Ele abençoou.

Jesus nos fez uma promessa, um dia virá nos buscar,
nos deixou o Espírito Santo, para sempre Ele irá nos amar.

Será sempre o nosso Pastor, a cada um de nós Ele amou, verteu todo Seu sangue na cruz, nossos pecados Ele perdoou.

50. DIMAS, O Malfeitor QUE SE ARREPENDE.

Malfeitor esse homem era, e tudo estaria acabado,
ele havia sido preso, e seria crucificado.

Foi uma noite de angústia, no cárcere ele então estava,
sem nenhuma esperança, seu destino o aguardava.

Ele pensava, "Que vida triste eu levei!
"Eu não fiz nada de bom, apenas matei e roubei!

"Agora é tarde demais, só me resta lamentar",
e no lugar chamado caveira, tudo iria acabar.

Aquela sexta-feira amanhece, e os guardas o levam então,
um percurso angustiante, doía-lhe o coração.

Ele vê muitas pessoas, e por sua causa não seria,
seria alguém muito importante, que com ele naquela manhã morreria.

Já tinha ouvido falar do Nazareno, Jesus,
ele não podia acreditar, morrendo com ele em outra cruz.

A história não nos conta, mas com certeza ele olhou,
olhou Jesus ao seu lado, e a Ele contemplou.

Ele esperava uma chance, com Jesus queria falar,
mas o chicote estalava, não conseguia se aproximar.

Havia outro malfeitor, que ali também morreria,
três cruzes, Jesus no meio, e tudo se cumpriria.

As cruzes são levantadas, espetáculo de dor,
e mesmo nesse momento, **Jesus emanava o amor.**

Eram três pregos de ferro, um prego em seus pés penetrava,
mais um prego em cada mão, **a mãe de Jesus ali chorava.**

E esse criminoso com dificuldade, fitava os olhos em Jesus,
não conseguia entender, por que **ELE** estava na outra cruz.

**E quem seria esse homem? Dimas ele se chamava,
e por todos os seus crimes, naquela cruz ele pagava.**

Talvez ele pensasse "Se para mim Jesus olhasse então,
"Sei que não sou merecedor, mas eu lhe pediria perdão."

E foi bem nesse momento, que o outro criminoso esbravejou,
escarnece de Jesus, sem respeito o afrontou.

"Tu não é o Cristo?" ele diz, "Tira-nos então desta cruz!
"Tu não és o filho de Deus? Então, faça mais esse milagre, Jesus!"

E Jesus ali se cala, não tinha o que responder,
pois aquele pobre homem nunca iria entender.

**E Dimas, indignado, repreende o malfeitor,
que não entendia que ali, estava o seu Salvador.**

E com os olhos cansados, ele diz para Jesus,
"Lembra-te de mim, Senhor?" e então brilha uma luz.

E ali ele reconhece, o Rei dos reis estava ao seu lado,
ele olha bem para Jesus, nem tudo estava acabado.

E fazendo um grande esforço, de novo Dimas vai falar,
"No teu reino, meu Senhor, eu gostaria de poder entrar!"

E Jesus com muita dor, diz a palavra certa,
a palavra que cura, a palavra que liberta.

Ele diz a Dimas *"Hoje mesmo no Paraíso você irá estar,*
"comigo e com meu Pai, você pode acreditar".

E Jesus prometeu, que naquele mesmo dia,
este homem bem-aventurado, **no Paraíso com ELE estaria.**

Uma sensação de paz, de alívio, Dimas sentiu,
e apesar de tanta dor, com certeza ele sorriu.

Então o maior presente aquele homem ali ganhou,
ele iria para o céu, pois Jesus o perdoou.

E dessa linda história, nós tiramos uma lição,
seja honesto com Jesus, e **ELE** terá compaixão.

Não importa o que você tenha feito, você deve confessar,
clame hoje por Jesus, **ELE** irá lhe perdoar.

Dimas não era um homem bom, mas olhou para Jesus,
e no seu último momento, ele pôde ver a luz.

Foi a luz da salvação, ao Messias se entregou,
ele sentiu uma grande paz, a sua alma se alegrou.

Contemple ao Senhor agora, ELE vai lhe perdoar,
Jesus ama muito você, não há por que duvidar.

Não espere pelo último momento, não sabemos quando será,
volte-se para Jesus Cristo agora, e a plena PAZ você terá.

Falo da paz da salvação, só através de Jesus se poderá obter,
somente estará na presença do Pai, aquele que ao Messias se render.

Dimas teve o privilégio de poder para Jesus olhar,
e no último momento de sua vida, ele pôde se salvar.

Jesus está conosco neste momento, privilegiados também vamos ser,
Ele nos dá o maior presente, com alegria iremos receber.

O presente é a salvação, não há dinheiro no mundo que possa comprar,
"Deus amou o mundo de TAL maneira", e esse presente se alegrou em nos dar.

51. NO CAMINHO DE EMAÚS.

Pelo caminho de **EMAÚS**, dois discípulos caminhavam,
e sobre uma ocorrência triste, eles ali comentavam.

Havia morrido um profeta, tudo estaria perdido,
eles não compreendiam o que tinha acontecido.

**Foi então que, de repente, um homem se aproximou,
não sabiam quem ele era, mas a eles ali se juntou.**

Foram então caminhando, EMAÚS se aproximava,
e naquela noite fria, o estranho lhes falava:

"Por que vocês estão tristes? Eu gostaria de saber."
Este homem falava aos dois, mas eles não conseguiam entender.

Admirados eles ficaram, "Que homem mal informado!",
não sabia que o Mestre deles havia sido crucificado.

Porém, algo eles sentiam dentro de seu coração,
um fogo, uma alegria, que não tinha explicação.

E chegaram à cidade, EMAÚS longe não era,
o homem se despedia, eles disseram: **"Espera!"**

Na pousada eles entraram e um pão ali havia,
de repente observaram **como o pão Ele partia.**

**Seus olhos então se abriram, como os nossos se abrem agora,
não perca essa oportunidade, não jogue essa chance fora.**

Jesus está com você, mesmo que não perceba,
ele quer lhe abraçar agora, quer que você O receba.

Os discípulos se alegraram, começaram a entender,
quando Jesus na frente deles, iria desaparecer.

Eles se lembram daquele momento, em que lhes ardia o coração,
a presença de Jesus com eles, seria a explicação.

Então, apressadamente, para Jerusalém eles voltaram,
e para os demais discípulos, as boas-novas eles contaram.

Depois disso, para todos eles, Jesus apareceria,
trazendo-lhes de novo a paz, a esperança voltaria.

Poderíamos escrever mais, o Espírito nos orienta,
quando falamos de Jesus, a palavra nos sustenta.

Não tenha medo, meu irmão, não precisa desanimar,
pois Jesus sempre estará ao seu lado a caminhar.

Jesus pode estar ao seu lado, e você não perceber,
mas quando **ELE** partir o pão, você O vai reconhecer.

"Como Jesus parte o pão?", alguém pode agora perguntar.
A resposta é muito simples, o Espírito vai nos revelar.

Tenha intimidade com o Mestre, então você irá perceber,
a forma que ELE parte o pão, e o seu coração vai arder.

Intimidade é a resposta, ser amigo de Jesus,
Ele quer estar ao seu lado como esteve ao lado dos discípulos em Emaús.

52. FILIPE E O EUNUCO.

Sabemos que Lucas escreveu um dos quatro Evangelhos que até nós chegou,
escreveu também "Atos dos Apóstolos", e muito mais coisas ele nos informou.

Lucas era também médico, e ao lado dos "Nazarenos" caminhava,
e Deus usaria muito a esse homem, e a história da Igreja ele nos contava.

Ele nos fala de Estêvão, de Filipe também vai falar,
de como esse homem levou a palavra a um estrangeiro e fez esse estrangeiro enxergar.

Filipe foi escolhido junto com Estêvão, diáconos iriam se tornar,
ajudando aos DOZE apóstolos no trabalho, ao povo iriam evangelizar.

Filipe era um homem correto, nobre missão agora ele teria,
e mais do que ele imaginava, Deus grandiosamente o usaria.

Esse não é o mesmo Filipe que a Natanael um dia chamou,
que levou as boas-novas, e Jesus ao amigo apresentou.

Vamos contar outra história, do livro de Atos vamos então falar,
quando ali um anjo do Senhor, uma missão a este Filipe iria dar.

Filipe se torna um diácono, com Estêvão foi consagrado,
com dedicação fazia a obra de Deus, e pelo Senhor ele foi honrado.

Jesus já havia sido crucificado, a direita do Pai já estaria,
mas a missão de sua Igreja aqui na terra continuaria.

O Senhor ressuscitou e subiu ao céu, mas continuaria a interceder,
sempre ao lado de sua Igreja, manifestando o Seu poder.

E nessa missão de Filipe, que o anjo iria lhe dar,
o poder do Espírito Santo vai então se manifestar.

O anjo a Filipe falou, um recado então lhe daria,
e bem atento à voz do Senhor, esse homem de Deus escutaria.

"Vai para a banda do sul, para Gaza no deserto deves te dirigir,
"Hoje lá a palavra de Deus uma pessoa da tua boca irá ouvir."

Filipe se move e vai então, a essa pessoa encontrar,
ele não sabia quem era, mas o Senhor iria lhe mostrar.

Havia um eunuco na Etiópia, e de Jerusalém ele estava voltando
tinha ido para adorar a Deus, para a África estava retornando.

Ele era mordomo de Candace, rainha para a qual trabalhava,
mas sempre ia a Jerusalém, onde ao Deus de Israel ele adorava.

Ele adorava pela fé, fé que ele tinha em seu coração,
mas ainda lhe faltava uma coisa, e essa era a grande questão.

Pois essa era a grande questão, na missão de Filipe Deus irá mostrar,
e aquele etíope iria entender, o **"porquê e de que forma adorar"**.

E esse eunuco no seu caminho, em sua carruagem estava a ler,
os escritos do profeta Isaías, mas não conseguia entender.

E Filipe é transladado, Deus a ele transportou,
o leva ao caminho do eunuco, e Filipe se apresentou.

O homem de Deus chega até ele, com o etíope irá se assentar,
o vê lendo as Escrituras, e a ele então vai perguntar:

"Tu entendes o que lês?" Filipe o indagaria,
"Como entenderei se ninguém me explicar?" o Eunuco responderia.

O etíope lia Isaías, no qual se falava de Jesus,
e Filipe lhe explicaria, brilharia então uma luz.

Eram palavras poéticas, talvez difíceis de entender,
Quem seria o Profeta citado? O eunuco não conseguia entender.

A missão de Filipe era essa, as vendas dos olhos do homem tirar,
tinha chegado o momento, ao eunuco ele irá explicar.

E em uma longa conversa, o etíope então entendeu
de quem Isaías falava, tudo agora se esclareceu.

Ele entenderia agora, o Messias é Jesus,
o seu coração ardia, ele se coloca aos pés da cruz.

Ele pergunta a Filipe, o que lhe faltava então,
deseja ser batizado, Jesus tocou seu coração.

Filipe lhe dá a resposta: "Se você acreditou
"nada lhe faltará agora", e Filipe o batizou.

Perto de um rio eles estavam, Deus tudo prepararia,
água limpa, palavra pregada, o Senhor tudo supriria.

O eunuco teve fé, no filho de Deus acreditou,
ele creu em seu coração e o Senhor o abençoou.

E logo que da água saíram, Filipe foi novamente transladado,
o eunuco estava muito feliz, mas não viu mais Filipe ao seu lado.

A sua missão foi cumprida, ao eunuco ele batizou,
Volta, assim, para Cesareia, e a serviço de Deus continuou.

Tirar as vendas dos olhos, muitos homens irão precisar,
existem no mundo muitos "etíopes" desejando a Jesus enxergar.

Filipe entendeu sua missão, todo cristão precisa entender.
Você que aprendeu deve também ensinar, muitos ainda precisam saber.

Saber de quem Isaías falou, quem era o profeta que ele anunciava,
o Rei dos reis que um dia viria, o Messias que o judeu esperava.

De geração em geração, seus filhos devem também saber,
eduque-os no caminho do Senhor, e um dia eles também irão entender.

Disponha-se a ser um "Filipe", coloque-se à disposição,
Deus irá contar com você e lhe dará a aptidão.

Imaginemos aquele eunuco para a África retornando,
agora sabendo, perfeitamente, de quem o profeta Isaías estava falando.

E Filipe também se alegrou, sua missão ele então cumpriria,
imaginemos sua satisfação, por mais uma alma que a Jesus se entregaria.

Esse é o "Ide" de Cristo que devemos exercitar,
levar a palavra de Deus a todo aquele que precisar.

53. SAULO DE TARSO/APÓSTOLO PAULO.

**Homem sábio e letrado ele era, os mandamentos de Deus ele guardava,
seguia tudo ao pé da letra, da lei não se desviava.**

**Esse homem se chamava Saulo, mas seu nome iria mudar,
ele não imaginava, mas Jesus o iria transformar.**

Aos nazarenos ele perseguia com toda convicção,
viu a morte de Estevão, mas sentiu algo em seu coração.

Estevão apedrejado e morto, simplesmente por dizer a verdade,
os fariseus destilavam ódio, ali naquela cidade.

Estevão fez um belo discurso, pouco antes de morrer,
Saulo ouviu de cabeça baixa, e não quis se intrometer.

Estevão viu os Céus abertos, e a Deus ele clamou,
sendo ali apedrejado, ao seu algoz ainda perdoou.

Pede que o Senhor os perdoe, segue o exemplo de Jesus,
ele sabia a quem servia, ele estava aos pés da cruz.

Saulo ali não imaginava, que a luta de Estevão ele mesmo iria continuar,
e que depois de poucos dias, o próprio Jesus iria lhe chamar.

Cego, ele não percebia, que estava equivocado,
mas Jesus o observava, queria estar ao seu lado.

**Com GAMALIEL ele estudou e do SINÉDRIO parte fazia,
mas odiava os cristãos, sem cessar os perseguia.**

Uma mente cauterizada o impedia de enxergar,
achava que somente a lei judaica poderia lhe bastar.

Mas um dia para Damasco, em comitiva Saulo seguia,
porém, mal sabia ele, um encontro ele teria.

Nessa viagem intrigante, muitos assuntos a tratar,
deveria achar uma forma de aos cristãos eliminar.

E no meio do caminho, viu o brilho de uma luz,
e pela primeira vez, ouviu a voz de Jesus.

Deste modo, tudo escuro ficou, ele já não conseguia mais ver,
não imaginava Saulo, o que iria lhe acontecer.

E Jesus se revelou a ele: *"Por que me persegues assim?*
"É duro recalcitrar, homem de Benjamin!"

E Saulo é impactado, tudo então iria mudar,
recupera depois sua visão, muito mais iria enxergar.

E diante de Ananias, ele recebe uma oração,
caem as escamas de seus olhos, agora terá **a visão**.

Saulo não mais seria, tudo agora iria mudar,
seu nome agora era outro, Paulo iria se chamar.

E o Espírito Santo lhe declara: *"Muitos te perseguirão,*
"mas nem por isso tu deixarás de cumprir tua missão.

"Verás o terceiro céu e não vais conseguir narrar,
"será algo tão grandioso, não poderás explicar!

"Será algo inefável, palavras humanas não bastarão,
"será muito maravilhoso, e um dia terás teu galardão".

Galardão muitos homens terão, vale a pena ser fiel,
vale a pena estar com Cristo, e um dia ir para o céu.

E Paulo começa sua jornada, um desafio ali estaria,
mas agora com Jesus, ele permaneceria.

**Deixando tudo para trás, um esterco sem valor,
o que importava agora era estar com o Senhor.**

Muitos olham admirados para o que Paulo se tornaria,
aquele que antes perseguia, perseguido agora seria.

Sai ao mundo com uma missão, ao gentil evangelizar,
e tudo que ele estava aprendendo, também deveria ensinar.

E um dia com Timóteo, açoitado ele seria,
apanham quase até a morte, ele muito sofreria.

Certa vez em Roma estava com Silas, e no cárcere foram jogados,
ele e seu amigo ali foram muito maltratados.

E na companhia de Silas, acorrentado ele ficou,
mas em vez de murmurar, para o Senhor ele olhou.

Entoavam belos hinos, a corrente os machucava,
mas sabiam que o Senhor com eles ali estava.

As correntes machucavam, poderiam até blasfemar,
mas então buscam a Deus e continuam a louvar.

E um terremoto aconteceu, as correntes se arrebentaram,
e muitas vidas ali, a Jesus Cristo se entregaram.

Não mais presos pelas correntes, livres então ficariam,
mas por um propósito divino, eles dali não fugiriam.

O carcereiro sentiu temor, pois iriam lhe matar,
se os prisioneiros fugissem, mas eles iriam ali ficar.

Então esse carcereiro, que os havia maltratado,
se entregou ao Deus de Paulo, e também foi perdoado.

Um homem rude se rende, então, **"Como poderei me salvar?"**
E Paulo lhe dá a resposta: **"Basta em Jesus acreditar!**

"Crê no Senhor Jesus de todo o teu coração,
"tu e tua casa serão salvos, Deus vos dará o perdão!"

Por onde Paulo passasse, um propósito sempre haveria,
mesmo estando em sofrimento, sua missão ele cumpriria.

Um dia, Paulo viajava em uma grande embarcação,
ele levava a palavra de Deus, Jesus lhe dava a direção.

E em uma dessas viagens, para Roma se dirigia,
tempestade no caminho, e o navio afundaria.

Mais de trezentos homens com ele, então Paulo intercedeu,
ele clamou ao Senhor e nenhuma vida se perdeu.

Um naufrágio, momento difícil, na ilha de Malta ele ficou,
era um propósito de Deus, e a muitos ali ele curou.

Nessa ilha uma serpente, o braço de Paulo picaria,
e calmamente, perto do fogo, a serpente ele espantaria.

Achavam que ele iria morrer, venenosa aquela víbora era,
mas Paulo ficou tranquilo, em Jesus ele sempre espera.

E nenhum dano a picada lhe causou, todos ali se admiraram,
Ele curou a muitos naquela ilha, e a Jesus aqueles **joelhos se dobraram.**

Paulo continua sua jornada, muitos lugares ainda para ir,
muitas almas a serem ganhas, ele não irá desistir.

**Curava em nome de Jesus, com total autoridade,
se dirigia às pessoas, em nome da única Verdade.**

Em viagem pela Grécia, viu que os gregos a um "deus" desconhecido
estavam a adorar,
Paulo lhes apresentou o seu Deus, então eles vieram a acreditar.

De Jesus Cristo ele falava, o apóstolo Paulo nunca desistiu,
e durante as muitas afrontas, **a voz de Deus ele sempre ouviu,**

**Fariseu honrado ele foi, cidadão romano permaneceria,
mas tudo isso era nada, diante do que Jesus lhe daria.**

**Certa vez, pediu a Deus, um espinho lhe incomodava,
Deus então responde a Paulo, que Sua Graça lhe bastava.**

E Paulo declara então, já avançado em idade,
que de fato valeu a pena, ter conhecido a Verdade.

E no final de sua jornada, ele pôde testificar,
"Usei a armadura de Deus, e dela quero falar.

**"Revesti-vos dessa armadura, seja um soldado leal,
"esteja sempre com Jesus, e aparta-te do mal.**

"Contra a carne e contra o sangue, meu irmão não deves lutar,
"a luta é espiritual, e nessa luta irás triunfar.

"Cinja vossos lombos com a verdade, verdade que Cristo revelou,
"verdade que é ELE próprio, verdade que nos libertou.

"Use a couraça da justiça, e saiba onde irás pisar.
"Controle sempre seus passos, sempre de pé deves estar.

"Não abra mão do escudo da fé, esse escudo irá te proteger,
"e os dardos inflamados do maligno, esse escudo irá conter.

"O capacete da salvação, e a espada para lutar,
"são ferramentas com as quais, Deus vai te presentear.

"E a palavra do Senhor essa espada representará,
"sempre estará em suas mãos, e o Espírito através de você FALARÁ.

"Minha missão foi cumprida, o IDE de Cristo pratiquei,
"o Evangelho de Jesus a muitos povos levei".

E em Roma aprisionado, Paulo pôde declarar,
"Combati o bom combate, Senhor, podes me levar!"

E do fruto do Espírito, Paulo um dia também nos falou,
e tendo esse fruto em seu coração, o Senhor a ele tranquilizou.

Paulo foi morto por covardes, sua vida "o homem tirou",
mas ele pôde morrer em paz, pois nos braços do Senhor ele ficou.

Se fosse falar mais de Paulo, muito ainda iria escrever,
Muita lição Deus nos daria, muito iríamos aprender.

Ele orientou a Timóteo, e a nós também quer orientar,
cuidado com falsos profetas, não se deixe enganar.

A ovelha conhece a voz do seu pastor, isso foi João que nos falou,
mas Paulo sabia bem disso, e a João ratificou.

Saiba que o Espírito Santo, irá sempre lhe orientar,
não o deixará ser enganado, basta você a ele escutar.

"Quero voltar a falar desse homem, de como Jesus o impactou,
"Jesus pode mudar você hoje, como a Paulo um dia Ele mudou."

54. A BÍBLIA SAGRADA.

Gostaria de falar de um livro, sua espinha dorsal desejo explicar,
é um livro que quando lemos, conosco Deus começa a falar.

Sessenta e seis livros que formam um, escrito por homens, mas Deus os inspirou,
uma bússola que nos mostra o caminho, foi o próprio Senhor quem nos deixou.

De Moisés até João, conosco Deus foi então falando,
de Gênesis ao Apocalipse, o Senhor está nos orientando.

Essa obra foi escrita por homens de Deus, de seu conteúdo iremos falar,
é incrível como tudo se encaixa, o Espírito Santo vai nos testificar.

Pouco mais de mil e quinhentos anos, e pessoas diferentes a escreveriam,
homens que nunca se conheceram, porém servos do mesmo Deus eles seriam.

Uma junção de vários livros teremos, onde os escritos irão se juntar,
É o livro que mais se vende no mundo, **Bíblia Sagrada** iria se chamar.

Esse livro nos mostra como Deus fez o mundo, do nada ELE tudo criou,
Deus nos mostra Seu infinito poder, e como tudo ali começou.

"Haja luz" ELE mesmo declarou, as trevas Deus iluminou,
era o início da criação, e a sua obra-prima ELE então formou.

Ela nos mostra como foi no início, homem e mulher sendo criados,
Deus nos fez com alegria, e nós fomos então abençoados.

Do barro Deus faria Adão e uma costela dele tirou,
assim, Deus criou a mulher e também a ela abençoou.

E o casal vivia muito bem, nada ali no Paraíso lhes faltava,
mas o maligno já estava à espreita, e um sutil ataque então preparava.

Quando tudo parecia bem, uma serpente então surgiria,
veio a roubar, matar, destruir, e o homem então cairia.

Então, afastado de Deus, o homem pela terra passou a peregrinar,
e a história da humanidade agora iria começar.

Seria um recomeço sem Deus, foi o pecado que nos afastou,
mas Deus continuou nos amando, Deus nunca nos abandonou.

E a raça humana crescia, a maldade se multiplicava,
mas havia uma esperança, o Senhor de cima observava.

Havia um plano de remissão, o grande momento iria chegar,
mas ainda haveriam muitas coisas pelas quais o homem teria que passar.

Um homem nascido de mulher, no tempo de Deus então viria,
e esse seria o Messias, que na cabeça da serpente pisaria.

Mas até esse dia chegar, muitas coisas iriam acontecer,
muitas histórias de vida, na Bíblia, nós iríamos ver.

Adão e Eva teriam dois filhos, Caim e Abel iriam se chamar,
e o mal se manifesta em Caim, e a Abel ele iria matar.

Eva teria mais um filho, e SETE este se chamaria,
Deste sairia uma geração do bem, e Caim por sua vez, partiria.

Deus amaldiçoa a Caim, uma marca lhe colocou,
pois o sangue de Abel ali por justiça a Deus clamou.

Sete e Caim formam dois povos e na terra iriam habitar,
duas tendências, dois corações, só um a Deus iria agradar.

E de geração em geração, o tempo então foi passando,
e a maldade prevalecia, o homem, então, de Deus foi se afastando.

Mas haveriam exceções, e a um homem Deus buscaria,
ENOQUE agradou a Deus, e o Senhor então o levaria.

Mais algum tempo se passa, então a maldade se instalava,
e no meio de tanta iniquidade, a um certo homem Deus falava.

E Deus fala com Noé e lhe dá uma missão,
ele ouve a voz do Senhor, Deus conhecia seu coração.

Uma Arca é construída, muitos anos de trabalho seriam,
e o dilúvio então chegou, a família de Noé e muitos animais se salvariam.

E aquele povo egoísta, homens que não quiseram acreditar,
para eles seria tarde demais, todos vieram a se afogar.

Somente oito pessoas iriam sobreviver,
deram ouvidos à voz de Deus, dos frutos iriam colher.

Jesus nos dá a oportunidade para na sua Arca podermos entrar,
Ele derramou todo seu sangue na cruz, para a salvação nos proporcionar.

E as águas do dilúvio baixaram, uma nova vida começou,
Deus faz então um pacto com Noé, Deus a sua família abençoou.

Um arco-íris aparece no céu e uma promessa de Deus simbolizava,
uma nova oportunidade, o homem então recomeçava.

De novo o povo se multiplica, mas de Deus novamente se afastaria.
O povo tenta construir uma grande torre, achando que ao céu chegaria.

Ledo engano cometeram, "Babel" não se pôde terminar,
Deus confundiu suas línguas, pela terra iriam então se espalhar.

Mais algum tempo se passa, a iniquidade prevalecia,
mas Deus não desistiu de seu povo, certo homem *ELE* escolheria.

Então chegamos a Abrão, que a voz de Deus veio a ouvir,
ele a Deus obedeceu, e de UR dos CAUDEUS iria partir.

Deus lhe fez uma promessa, pai das nações ele seria,
e mesmo já sendo velho, no Senhor acreditaria.

Seu nome seria mudado, ABRAÃO veio a se chamar,
sua fé era inabalável, a Deus ele iria agradar.

Com cem anos ele foi pai, Isaque seu filho se chamou,
essa era a promessa de Deus, e de alegria Abraão chorou.

Porém, uma prova de fogo, Abraão ainda teria,
Deus lhe pede um holocausto, e o cordeiro o próprio Isaque seria.

Com muita dor no coração, ele iria obedecer,
mas o anjo de Deus dá um brado, e Isaque irá sobreviver.

Abraão então provou que ao seu Deus iria honrar,
e mesmo diante da dor, colocou Deus em primeiro lugar.

Ele se torna o pai das nações, e por Jesus citado seria,
e por ter sido ele fiel, amigo de Deus se tornaria.

E Isaque tem dois filhos, Esaú e Jacó se chamariam,
surge mais uma divisão, os irmãos não se entenderiam.

E por um prato de lentilha, a história começaria a mudar,
a primogenitura de Esaú, para Jacó iria passar.

Isaque ao filho mais velho teria que abençoar,
porém Jacó toma a frente, e ao seu velho pai iria enganar.

Esaú fica irado, ao seu irmão vai perseguir,
ele deseja matá-lo, Jacó terá que fugir.

Jacó vai procurar seu tio, Labão ele se chamaria,
este tinha duas filhas, e com ambas Jacó se casaria.

Lia e Raquel, duas jovens, muitos filhos a Jacó iriam dar,
muito carinho ele tinha por Lia, mas era a Raquel quem ele iria amar.

Também haviam concubinas, e com treze filhos Deus o abençoou,
doze homens e uma menina, porém Raquel a ele deixou.

Foi no parto de Benjamin que sua amada partiria,
Jacó olha para a criança, e uma lágrima então escorreria.

E seus filhos vão crescendo, e um deles se destacou,
este era mais inteligente, e isso aos demais incomodou.

E os propósitos de Deus começam a acontecer,
talvez não entendamos agora, mais depois iremos entender.

E esse filho de Jacó, sonhos irá interpretar,
tanto os seus como os dos outros, Deus a ele irá revelar.

José ele se chamava e pelos irmãos traído seria,
e levado ao Egito, escravo se tornaria.

É vendido pelos irmãos e fica longe de seu pai amado,
mas em nenhum momento de sua vida, por Deus seria abandonado.

E no Egito como escravo, o Senhor o exaltou,
e depois de muito sofrimento, seu cativeiro então mudou.

De escravo e prisioneiro, um sonho veio a interpretar,
era o sonho do Faraó, ali sua vida iria mudar.

Recebe a túnica e o anel, o poder agora ele teria,
e acima de José no Egito, somente o Faraó estaria.

E seus irmãos irão ao Egito para o alimento então buscar,
a fome assolava o mundo, e somente José os poderia alimentar.

José reconhece seus irmãos, mas eles não puderam perceber,
que aquele homem poderoso, era o menino que ousaram vender.

Diante dessa situação, José a Deus iria orar,
E Deus lhe daria a resposta, ele teria que perdoar.

**Jesus também nos perdoou e nenhum de nós digno seria,
e em vez de nos punir, nos recebeu com alegria.**

Então José se revela, a todos irá perdoar,
e eles ficam muitos espantados, não podiam acreditar.

O carinho ali venceu o ódio, o perdão venceu o rancor,
e o que os seus irmãos viam ali **era a manifestação do AMOR.**

José abraça Benjamin, o irmãozinho que não viu crescer,
não haveria mais tempo a esperar, teriam que se conhecer.

José quer muito ver seu pai, seu pai amado, Israel!
"Desejo muito abraçar ao meu pai, antes de ele ir para o céu!".

**Aqui uma lição de perdão, lição que um dia Cristo nos daria,
e como José perdoou seus irmãos, Jesus também nos perdoaria.**

E todo o povo de Israel, no Egito iria morar,
vida boa no início, mas depois isso iria mudar.

E ali o tempo foi passando, e outro Faraó se levantou,
José então já estaria morto, e o Egito ao povo hebreu escravizou.

Mais quatrocentos anos se passaram, e outro homem Deus levantaria,
esse homem tiraria o povo do Egito, **Moisés** ele se chamaria.

É da Bíblia que estamos falando, do caminho até **chegar a Jesus,
o mundo passou pelas trevas, mas agora nós temos a luz.**

**Moisés libertaria os hebreus, com o Faraó teve que falar,
mas não seria fácil convencê-lo, pragas Deus iria mandar.**

**E houve a praga derradeira, Deus pediu o sangue nos umbrais.
Porém, hoje temos o sangue do Cordeiro, sangue que nos torna imortais.**

E aquele povo do Egito partiria, e Moisés os iria liderar,
eles teriam muitas lutas, mas Deus com eles iria estar.

E quando o Faraó os persegue, tudo perdido parecia,
o mar imenso diante do povo, como o Senhor os salvaria?

Muitos ali cobraram de Moisés, "**Nos trouxe aqui para nos matar!**
"Estávamos bem no Egito, e agora não podemos voltar!".

Moisés então ora a Deus, e a resposta imediatamente viria,
Deus manda o povo marchar, e o mar Vermelho então se abriria.

Apesar da incredulidade de alguns, a todos Deus poupou,
quanto ao exército do Faraó, ele inteiro se afogou.

E o povo hebreu está salvo, e agora o deserto iriam enfrentar,
rumo à terra prometida, mas nem todos iriam entrar.

E o que seria uma viagem de meses, quarenta anos levou,
algo que Deus não tolera, aquele povo murmurou.

Com saudades do Egito, muitos iriam murmurar,
Deus os havia libertado, e o povo ainda iria reclamar.

Tiveram água no deserto, e o pão do céu Deus ainda mandou,
teriam também codornizes, mesmo assim o povo reclamou.

Então Moisés já bem velho, com Deus iria falar,
e Deus lhe mostra a terra prometida, mas Moisés também não iria entrar.

Ele é então recolhido, seu corpo o Senhor sepultou,
Josué lidera o povo agora, e naquela terra o povo hebreu então entrou.

Terra que mana leite e mel, terra boa Deus iria lhes dar,
mas dos que saíram do Egito, nem todos poderiam entrar.

Dos que tinham mais de vinte anos, quando o Egito eles deixaram,
somente **JOSUÉ e CALEBE** em CANAÃ com o povo entraram.

Moisés não entrou nessa terra, antes Deus o levaria,
porém na CANAÃ celestial, com certeza Moisés entraria.

Os hebreus em CANAÃ desafios iriam enfrentar,
lá haveriam muitos inimigos, iriam ter que lutar.

Mas nessa luta, com certeza, o Senhor com eles estaria,
Deus sempre esteve com seu povo, jamais os abandonaria.

Era uma terra de fartura, terra que teriam que conquistar,
Josué iria à frente, "as muralhas" Deus iria derrubar.

Deus era com Josué, como foi também com Moisés,
"A terra que pisar será tua, basta pôr a planta de teus pés".

Foi um período de conquistas, e o povo de Deus ali marchava,
JOSUÉ e CALEBE à frente, e Deus os acompanhava.

Das muralhas de Jericó, não podemos nos esquecer,
Josué obedece a Deus, e nessa batalha iria prevalecer.

E a prostituta Raabe que aos dois espias ajudou,
por essa nobre ação de fé, a sua família inteira Deus poupou.

E passando pelos Juízes, **GIDEÃO, SANSÃO**, todos lutaram,
haviam muitos inimigos de Deus, e esses homens os enfrentaram.

Chegamos então a Samuel, com esse profeta Deus falaria,
ele ungiu o rei Davi, que ao gigante enfrentaria.

Ungiu também a Saul, o primeiro rei que Israel teria,
mas este se afastaria de Deus, e um final trágico ele teria.

Davi cuidava das ovelhas, filho de Jessé, jovem virtuoso,
ele não fazia ideia de como seu futuro seria honroso.

Menino da tribo de Judá, se tornaria um guerreiro valente e temido,
e com seis irmãos mais velhos, ele seria o Ungido.

Deus não leva em conta a aparência, nem a sua condição,
o que o Senhor olhará em você, será sempre seu coração.

Davi foi pai de Salomão que o Templo de Deus construiu,
e na direção de seu Deus, aos utensílios ele ungiu.

Depois desse rei, porém, Israel se dividiria
Judá e Benjamin ficam em Jerusalém, e os demais em Samaria.

E muitos reis ímpios surgiriam, de Deus iriam se afastar,
e a nação pagaria o preço, pela voz de Deus não querer escutar.

Profetas foram usados, mas o povo não escutou,
veio então o inimigo, e a Israel escravizou.

Da mesma forma, o povo de Judá para a Babilônia seria levado,
quando um povo se afasta de Deus, certamente será escravizado.

Mas mesmo estando em cativeiro, alguns homens Deus usaria,
e a promessa feita a Abraão, com certeza o Senhor honraria.

O que dizer de Daniel? Dos leões não teve temor,
conquistou o respeito de um ímpio, de Nabucodonosor.

Lembramos também de três jovens, amigos de Daniel,
jogados na fornalha, foram salvos por um anjo do céu.

Eram Sadraque, Mesaque, e Abedenego que de Jerusalém foram tirados,
mas foram fiéis ao Senhor, e eles não foram queimados.

Enquanto Daniel orava, o Anjo Gabriel veio lhe falar,
hostes espirituais malignas tentavam impedir, mas Deus o iria escutar.

Lembramos também de NEEMIAS que como escravo foi levado,
se preocupava com seu povo, e seu coração foi tocado.

E voltando a Jerusalém, NEEMIAS com o povo irá estar,
a cidade destruída, o novo muro ele iria levantar.

Reis e muitos outros profetas fiéis ao Deus de Israel iriam ser,
até que em um dia numa manjedoura, o filho de Deus iria nascer.

Seria a resposta de Deus para toda a humanidade,
e ali em Jerusalém, se manifestaria a **Verdade.**

Da Bíblia estamos falando, todas essas coisas foram acontecendo,
e chegando aos evangelhos, nós vamos ver Jesus nascendo.

Isaías **DELE** falou, e setecentos anos se passaram,
um menino em uma manjedoura, os anjos então anunciaram.

"O Messias que então viria, em Belém Ele nasceu,
"na cidade de Davi, um presente Deus nos deu."

Vemos no Novo Testamento, Jesus veio a confirmar,
tudo que vimos antes na lei, agora iria se encaixar.

Ele cumpriu toda a lei, do jugo Ele nos libertou,
e derramando todo o seu sangue, o Cristo então nos salvou.

Em nova Dispensação nós estamos, a Graça o Senhor então nos deu,
foi quando o véu do Templo se rasgou, foi quando tudo isso aconteceu.

E aquilo que Adão um dia perdeu, Jesus nos restituiria,
temos novamente a comunhão com Deus, temos de volta a alegria.

Adão era alma vivente, mas a vida eterna **Deus** queria nos dar,
Jesus Cristo é Alma vivificante, somente **ELE** poderia nos salvar.

**Na cruz Jesus um dia morreu, essa cruz um símbolo se tornou,
a cruz nos deu a esperança, na cruz JESUS nos salvou.**

A Bíblia chegou até nós, e uma "bússola" para o nosso espírito ela seria,
para nos mostrar o caminho e a verdade, Deus nos presentearia.

**Ela é muito mais do que um simples livro, é a palavra que Deus nos deixou,
usou homens, doutores e poetas, mas foi ELE próprio quem ditou.**

55. Apocalipse

Apocalipse, palavra enigmática, palavra que pode até assustar, porém uma importante mensagem de Deus, para todo aquele que NELE acreditar.

Os grandes mistérios de Deus, nesse livro a João, Jesus ditou,
e essa palavra foi escrita, e ao homem moderno chegou.

Foi a palavra derradeira, o apóstolo iria anotar,
ela hoje nos serve de alerta, cabe a nós ter fé e acreditar.

Na Ilha de Patmos João era prisioneiro, já idoso, cansado ele estava,
mas Jesus vai até ele, e uma mensagem através dele o Senhor nos deixava.

Essa mensagem é complexa, pode ser difícil de interpretar,
traz divergências até os dias de hoje, mas Jesus vai se revelar.

Quem tem ouvidos para ouvir, ouça o que o Senhor tem a nos dizer,
muitas coisas já aconteceram, e outras ainda irão acontecer.

E em uma caverna fria, Jesus iria se apresentar,
João ficaria assustado, mas ao Senhor ele vai contemplar.

"Eu sou o Alfa e o Ômega", Jesus a João vai dizer
em um momento sublime da história, e esse apóstolo vai então escrever.

O brilho de Jesus resplandecia, o que João estaria a pensar?
o Mestre que o amava tanto, uma carta iria lhe ditar.

Uma carta vinda de Deus, orientações o Senhor ali daria,
completando a espinha dorsal da Bíblia, sem respostas Deus não nos deixaria.

Jesus fala das sete Igrejas da Ásia, citando suas imperfeições,
naquela época e até hoje, Ele conhece nossos corações.

O homem sempre foi falho, como o apóstolo Paulo também falou,
"Não há um justo sequer", mesmo assim Jesus nos perdoou.

Jesus ali falou do milênio, arrebatamento e tribulação,
mas sempre estaria conosco, nos dando consolação.

Falou também do anticristo, ao qual muitos irão se dobrar,
mas ao que for fiel até a morte, a vida eterna este irá herdar.

E João tudo anotou, e até nós tudo chegaria,
e por um propósito de Deus, essa palavra permaneceria.

O próprio Jesus nos falou: *"Os céus e a Terra irão passar"*,
mas a sua santa palavra em nossos corações para sempre irá estar.

Quanto aos tempos, não cabe a nós saber quando cada coisa irá acontecer,
apenas nos cabe ter fé, e ao Senhor sempre obedecer.

Naquela ilha João morreu, o último dos doze apóstolos a partir,
e todos eles no paraíso, hoje estão ao lado do Senhor a sorrir.

**O Alfa e o Ômega está conosco, nunca irá nos abandonar,
um dia nos levará com ELE e para sempre na Glória iremos estar.**

Esse Galardão é para aquele que crê, como Ele mesmo nos falou,
nós podemos amar Jesus hoje, porque ELE primeiro nos amou.

Glória a Deus! Que o Senhor abençoe a todos vocês.

Considerações finais

Gostaria de agradecer a todos que dedicaram seu tempo a esta leitura, e dizer a cada um de vocês que o propósito desta obra foi levar a todos a palavra de Deus de forma simples, informativa, clara e, acima de tudo, verdadeira, sendo fiel ao que está escrito no livro mais importante de todos os tempos: a Bíblia Sagrada.

Sei que a Bíblia foi escrita por pessoas diferentes em épocas diferentes, e foram pessoas "imperfeitas", como eu e você. Porém, a cada palavra escrita na Bíblia, creio que houve sempre a inspiração do Espírito Santo, e também havia O Propósito de Deus para se cumprir em todos os tempos através dela. É inegável que a Bíblia é um livro diferenciado, que o conteúdo, indubitavelmente, possui características divinas, onde tudo se encaixa, desde Gênesis até o Apocalipse.

No início do livro de Gênesis (escrito por Moisés), após a queda do homem, Deus declara: "Da semente da mulher nascerá UM que pisará na cabeça da serpente", já em Apocalipse (escrito por João Evangelista), o próprio Jesus declara: "EU SOU o Alpha e o Ômega, aquele que não teve início, tampouco terá fim".

Podemos concluir então, que se fossemos resumir a Bíblia em uma só palavra, essa Palavra seria: Jesus.

A Bíblia Sagrada, portanto, aponta para o Messias/Jesus, isso de Gênesis ao Apocalipse.

E ela (Bíblia) chegou até nós pela vontade e permissão do Criador de todas as coisas, e através dela o Senhor Deus fala com cada um de nós, no coletivo e também no individual, e ELE irá nos falar desde que nos coloquemos na posição de filhos, servos e amigos; com nossos corações quebrantados, com humildade e total reverência.

Deus deseja conversar com cada um de nós, e cabe a nós saber discernir a sua voz, e uma vez discernindo, responder como o profeta Samuel ainda criança um dia respondeu: "Eis-me aqui, Senhor!".

Gostaria de deixar claro a você, caro amigo leitor, que meu livro, João 1.1 – Quem é Jesus para você?, não tem a intenção de afrontar qualquer outra religião fora do Cristianismo, tampouco julgar qualquer pessoa, pois respeito todas as pessoas e todas as religiões; na verdade, a intenção é fazer um questionamento (Quem é Jesus?).

E, por fim, quero apresentar a você, meu amigo, o homem mais importante que já viveu em toda a história, que nasceu de uma mulher (uma virgem): Maria, mãe de Jesus/homem.

Esse homem, cujo nome era Emanuel (Deus conosco), abriu mão de toda sua glória, todo seu poder e majestade, ELE, o filho de Deus, se fez carne, viveu entre nós, ensinou, curou, ressuscitou mortos, fez maravilhas e, por fim, como um cordeiro, deu a sua vida, foi pregado em uma cruz, tendo todo seu sangue derramado, em favor de muitos, em favor de todos aqueles que acreditassem. Foi por mim e foi por você, para nos dar uma segunda chance, para nos proporcionar a vida eterna, restaurando aquele rompimento do homem para com Deus causado pelo pecado de Adão.

"Cordeiro de Deus que tiraria o pecado do mundo!" declarou João Batista.

Quanto ao questionamento do título deste livro: Quem é Jesus para você?, eu desejo de todo o meu coração que você tenha encontrado a resposta nestas páginas, ou que ainda a encontre no decorrer de sua vida.

Caro leitor, que Deus o abençoe grandemente. Muito obrigado.

Agradecimento

Meus caros amigos e respeitados leitores,

Espero que todos aqui tenham sido tocados,
E que possam desta leitura/experiência compartilhar,
Pois é tão bom falar de Jesus,
É tão bom fazer a vida rimar.

E lendo tudo isso com o coração,
Não há como o homem não querer
Querer se entregar para Jesus agora,
E com ELE para sempre viver.

Que Deus abençoe grandemente a vida de cada um de vocês.
Amém.

Muito obrigado.

grupo novo século

Compartilhando propósitos e conectando pessoas

Visite nosso site e fique por dentro dos nossos lançamentos:
www.novoseculo.com.br

Editora Ágape
@agape_editora
@editoraagape
editoraagape

agape.com.br

Edição: 1ª
Fonte: Warnock Pro